最新法律文件解读丛书

民 事
法律文件解读

MINSHI FALÜ WENJIAN JIEDU

人民法院出版社 编

总第231辑 2024.03

人民法院出版社

图书在版编目（CIP）数据

民事法律文件解读. 总第231辑 / 人民法院出版社编. 北京 : 人民法院出版社, 2024. 7. -- (最新法律文件解读丛书). -- ISBN 978-7-5109-4192-4

Ⅰ. D923.05；D925.105

中国国家版本馆CIP数据核字第2024E8W682号

民事法律文件解读·总第231辑

人民法院出版社　编

责任编辑　杨　洁
出版发行　人民法院出版社
地　　址　北京市东城区东交民巷27号　邮编　100745
电　　话　(010)67550562(责任编辑)　67550558(发行部查询)
　　　　　　65223677(读者服务部)
客服QQ　2092078039
网　　址　http://www.courtbook.com.cn
E-mail　courtbook@sina.com
印　　刷　三河市国英印务有限公司
经　　销　新华书店
开　　本　787毫米×1092毫米　1/16
字　　数　115千字
印　　张　8
版　　次　2024年7月第1版　　2024年7月第1次印刷
书　　号　ISBN 978-7-5109-4192-4
定　　价　28.00元

卷首语

2024年2月27日，人民法院案例库正式上线并面向社会开放，标志着人民法院案例库建设工作迈出关键性一步。人民法院案例库是最高人民法院推出的新的“公共法律服务产品”，受到全国法院和社会各界的广泛关注。为便于各级法院工作人员正确使用案例库、助力社会各界更好地了解案例库的建设背景、功能定位、建设历程、入库流程、体例格式及首批入库案例的基本情况，本辑收录了《人民法院案例库若干重要问题解读》。

法答网是最高人民法院为全国四级法院干警提供法律政策运用、审判业务咨询答疑和学习交流服务的信息共享平台。法答网上线运行以来，咨询答疑质量和平台功能得到进一步优化，上下级法院业务交流顺畅高效，困扰审判一线痛点、难点问题得到及时解决。为进一步满足人民群众的多元司法需求，最高人民法院积极开展优秀咨询答疑评选工作，将具有典型性、前沿性或疑难复杂的法律适用咨询答疑陆续发布。本书特开设“法答网精选答问”栏目，精选法答网与民事审判相关的咨询答疑。

此外，本辑在“新类型疑难案例选评”栏目，收录了《嵘某诚公司诉尊某浦口分公司等建设工程分包合同纠纷案》一文。该案的裁判表明：盖章人在盖章时有权代表或代理单位进行或确认意思表示的，合同所盖公章不论真假新旧，盖章合同载明的意思表示均归属该单位，而不归属所盖之章显示主体或盖章之人。该案的裁判思路可供办案人员审理同类案件时参考。

最新法律文件解读丛书
编　辑　部

兰丽专　（010）67550626

丁丽娜　（010）67550608

杨晓燕　（010）67550508

杨　洁　（010）67550562

路建华　（010）67550660

赵杰琼　（010）67550656

投稿邮箱：

《刑事法律文件解读》　5184621@ qq. com

《民事法律文件解读》　1216921515@ qq. com

《商事法律文件解读》　shangshijiedu@ 126. com

《行政与执行法律文件解读》　1092123089@ qq. com

目录

司法解释、司法指导性文件与解读

地方司法业务文件与解读

指导案例、典型案例与解读

法答网精选答问

新类型疑难案例选评

司法解释、司法指导性文件与解读

人民法院案例库建设运行工作规程

2024 年 4 月 29 日　　　　　　　　　　　法〔2024〕92 号

第一章　一般规定

第一条　为做好人民法院案例库的建设和使用工作，促进法律正确统一适用，深化诉源治理，提升公正与效率，结合审判工作实际，制定本规程。

第二条　人民法院案例库是由最高人民法院统一建设的案例资源库。最高人民法院各审判业务部门负责案例收集、编选及审查等工作。最高人民法院研究室负责统筹人民法院案例库建设、案例审核等工作。

第三条　人民法院案例库收录最高人民法院发布的指导性案例和经最高人民法院审核入库的参考案例，供各级人民法院和社会公众查询、使用、学习、研究。

以审判业务领域为标准，入库案例分为刑事、民事、行政、国家赔偿、执行五种类型。根据工作需要，人民法院案例库设置相关特色专栏。

第四条　人民法院案例库收录的参考案例，应当是裁判已经发生法律效力，且对类案审判具有参考示范价值的案例。

针对同一具体法律适用问题收录的参考案例一般不超过两件。

第五条 参考案例统一编号，体例格式一般包括标题、副标题、关键词、基本案情、裁判理由、裁判要旨、关联索引。

指导性案例按照发布时的文本直接入库，保留原编号并增加入库编号。

第六条 参考案例的报送、审查、审核等工作应当在人民法院案例库平台上开展。

第七条 对于案例是否符合入库标准、是否应当出库存在重大争议的，可以提交审判委员会讨论决定。

第二章 参考案例的入库流程

第八条 中级、基层人民法院对本院已经发生法律效力的裁判，认为符合入库标准的，应当及时按照格式要求编写案例，经分管院领导审批，层报高级人民法院。

第九条 高级人民法院审判业务部门负责收集、编选、审查本院和辖区法院案例，经专业法官会议讨论，认为符合参考案例入库标准的，经分管院领导审批后送本院研究室。高级人民法院研究室审核后，根据最高人民法院审判业务条线分工，报送至最高人民法院相关审判业务部门。

第十条 最高人民法院各巡回法庭、国家法官学院（司法案例研究院）、中国应用法学研究所、人民法院新闻传媒总社等可以结合工作实际编写案例，推荐至最高人民法院相关审判业务部门。

最高人民法院各审判业务部门、研究室可以自行收集、编写案例，按照本章规定的流程审查入库。

第十一条 最高人民法院各审判业务部门负责审查本部门编写，最高人民法院各巡回法庭、国家法官学院（司法案例研究院）、中国应用法学研究所、人民法院新闻传媒总社等推荐，以及高级人民法院报送的案例。

第十二条 最高人民法院各审判业务部门对案例的事实认定、法律适用、裁判说理、价值导向等进行全面审查，经专业法官会议讨论，分别作出以下处理：

（一）认为符合入库标准的，报分管院领导审批后送研究室审核；

（二）认为基本符合入库标准，但需要修改完善的，可以直接作出修改，或者提出明确意见后退回修改；

（三）认为不符合入库标准的，终止审查并说明理由。

第十三条 最高人民法院研究室在对案例材料是否齐全、体例格式是否符合要求等进行审核的基础上，重点对案例是否符合入库标准进行审核。审核过程中，可以视情将案例送交院内外相关专家研提意见，相关工作可与案例推送部门沟通。

第十四条 最高人民法院研究室经审核，对案例分别作出以下处理：

（一）认为符合入库标准的，经文字核校后入库；

（二）认为基本符合入库标准，但需要修改完善的，可以直接作出修改，或者提出明确意见后退回修改；

（三）认为不符合入库标准的，终止审核并说明理由。

第十五条 最高人民法院研究室自行收集、编写的案例，应当征求相关审判业务部门的意见。

第三章 社会推荐参考案例的入库流程

第十六条 国家机关、法学院校、律师协会等单位，专家学者、律师及其他公民个人，可以向人民法院案例库推荐参考案例。

前款规定的单位和个人推荐参考案例的，可以通过人民法院案例库平台推荐，也可以通过信函等方式推荐。

第十七条 对于社会推荐的参考案例，一般由作出生效裁判的人民法院进行审查。

对于中央国家机关、全国性社会组织等推荐的参考案例，由最高人民法院直接审查。

对于地方国家机关、地方社会组织等推荐的参考案例，参照本条第二款的规定，由有关地方人民法院进行审查。

第十八条 社会推荐案例经审查审核入库的，最高人民法院应当向推荐人颁发证书。

第四章 入库案例的检索使用

第十九条 各级人民法院审理案件时，应当检索人民法院案例库，严格依照法律和司法解释、规范性文件，并参考入库类似案例作出裁判。

第二十条 各级人民法院审理案件时，经检索发现人民法院案例库未收录类似案例，而正在审理的案件所涉法律适用问题疑难、复杂的，可以就相关法律适用问题提出请示，或者报请提级管辖；由本院继续审理的，应当提交审判委员会讨论决定。

各级人民法院审理案件时，经检索发现人民法院案例库收录有类似案例，但认为正在审理的案件具有特殊情况，不宜参考入库案例的，应当提交审判委员会讨论决定。

前两款规定的案件对类案审判具有参考示范价值的，作出生效裁判的人民法院应当在裁判作出后三十日内编写案例，按照本规程第二章规定的流程入库。

第二十一条 各级人民法院审理案件时参考入库类似案例的，可以将类似案例的裁判理由、裁判要旨作为本案裁判考量、理由参引，但不作为裁判依据。

公诉机关、当事人及其辩护人、诉讼代理人等提交入库案例作为控（诉）辩理由的，人民法院应当在裁判文书说理中予以回应。

第二十二条 各级人民法院应当将参考入库案例作出裁判的情况作

为案件质量评查内容。

第五章　参考案例的动态调整

第二十三条　人民法院案例库实行动态调整机制。

地方各级人民法院认为参考案例在法律适用方面存在不当，或者裁判理念等应当有发展、完善，不宜作为参考案例的，应当提出意见并说明理由，参照本规程第二章规定的流程层报最高人民法院相关审判业务部门审查；有适宜案例可资替换的，应当同时报送。

最高人民法院相关审判业务部门认为参考案例需要出库的，应当提出意见并说明理由，报分管院领导审批后，送研究室办理；有适宜案例可资替换的，应当同时送研究室审核。

最高人民法院研究室认为参考案例需要出库的，商相关审判业务部门处理。

第二十四条　各级人民法院认为参考案例需要作重要修改完善的，参照上述程序办理。

第六章　其他规定

第二十五条　最高人民法院研究室定期分析、通报人民法院案例库建设、使用工作情况。

各高级人民法院研究室应当定期就参与人民法院案例库建设、检索使用人民法院案例库等情况，向本院党组作出专题汇报。

第二十六条　人民法院出版社具体负责人民法院案例库建设、运行维护等工作。人民法院信息技术服务中心负责为人民法院案例库建设、运行维护提供软硬件环境基础支持。

第二十七条　根据工作需要，国家法官学院（司法案例研究院）开展入库案例检索使用等培训、教材编写和研究等工作；中国应用法学研究所加强入库案例研究工作，为入库案例的检索使用提供理论支持。

第二十八条 各级人民法院应当结合工作实际，将本院各部门及审判人员参与人民法院案例库建设工作情况纳入绩效考核。

第二十九条 指导性案例的遴选、审查、审议、使用等，适用《最高人民法院关于案例指导工作的规定》（法发〔2010〕51号）的有关规定。

第三十条 本规程自2024年5月8日起施行。以前发布的文件与本规程不一致的，以本规程为准。

人民法院案例库若干重要问题解读

最高人民法院研究室案例工作小组*

2024年2月27日，人民法院案例库正式上线并面向社会开放，标志着人民法院案例库建设工作迈出关键性一步。人民法院案例库是最高人民法院推出的新的“公共法律服务产品”，受到全国法院和社会各界的广泛关注。为便于各级法院工作人员正确使用案例库、助力社会各界更好地了解案例库，现就人民法院案例库的建设背景、功能定位、建设历程、入库流程、体例格式及首批入库案例的基本情况等介绍如下。

一、人民法院案例库的建设背景

法律适用是由抽象到具体、由一般到个别的演绎思维过程。在此之中，由于各地经济社会发展不平衡，加之司法人员成长经历、教育背景、生活环境等存在差异，对同一法律条款往往会有不同理解，甚至造

* 工作小组成员主要包括：周加海、司艳丽、喻海松、石磊、贾玉慧、马蓓蓓、杨建文、李玉林、张华锋、李慧、师晓东、吕晓蕾。

成案件处理结果不尽一致的局面。在司法审判领域，裁判标准不统一、裁判结果不一致的情况也时有出现，影响了司法权威与公信。有鉴于此，发挥案例及时灵活、针对性强、易于把握的优势，用已决案例指导类似案件的裁判，可以在“抽象到具体”的法律适用之中增加“具体到具体”的参照，符合司法规律，有利于提升司法效率、统一裁判尺度、推动法律统一适用。

最高人民法院历来重视案例工作，构建了具有中国特色的案例制度，将案例工作作为全面准确落实司法责任制的重要配套改革措施之一，不断优化案例工作机制。最高人民法院发布的案例主要包括指导性案例、典型案例、公报案例、刊物书籍案例等。其中，指导性案例方面，最高人民法院发布《最高人民法院关于案例指导工作的规定》（法发〔2010〕51号），建立指导性案例制度，自2011年以来共制发指导性案例39批共224件。典型案例方面，最高人民法院紧扣大局所需、服务国家治理，近十年来共发布典型案例超过2000件。可以说，上述各类案例在指导司法审判、统一法律适用、细化裁判标准、加强法治宣传、推动理论研究等方面发挥了积极作用。

然而，由于统筹管理、分类管理不到位等原因，一定程度上影响了案例功能的充分发挥。最高人民法院发布的指导性案例，各级人民法院审判类似案件时应当参照，但由于编选周期较长、总量相对有限、覆盖面不够广，难以充分满足实践需求。其他各类案例，由于缺乏统一的编写、审核程序和标准，质量和权威性没有充分保障，甚至还存在“同案不同判”的现象，不仅给司法审判带来困扰，也影响了社会各界学法、用法。此外，中国裁判文书网的功能重在司法公开，而非办案参考。由于中国裁判文书网收录的裁判文书已达上亿份，且没有关键词、法条等精准检索工具，用于检索类案特别耗时费力；即便检索到类案，裁判规则、裁判尺度也可能不统一，难以为办案提供权威参考。

最高人民法院在学习贯彻习近平新时代中国特色社会主义思想主题

教育中，深入调查研究，突出问题导向，推动解决上述案例指导不规范、不及时、不系统、不一致和难检索等问题，更好满足社会各界和人民群众多元化司法需求，把习近平法治思想落实到审判工作全过程各方面，决定建设人民法院案例库。这是一个与中国裁判文书网相互补充、相互促进的类案检索平台，收录经最高人民法院审核认为对类案审判具有参考示范价值的案例，包括指导性案例和参考案例，旨在进一步加大案例的检索精度、认可程度、指导力度和应用广度，最大限度发挥案例的实用效能。

二、人民法院案例库的功能定位

“一个案例胜过一打文件”生动、深刻阐释了案例的重要功能。案例是人民法院的重要“法治产品”。建设人民法院案例库，收录权威、规范的案例，就是为了统一法律适用标准、提高办案质效、增强人民群众对公平正义的获得感。具体而言，人民法院案例库的功能定位主要包括以下四个方面。

一是促进法律统一适用。案例历来具有辅助司法裁判，统一法律适用的功能。英美法系国家逐步发展并确立了判例制度，明确“遵循先例”原则。与此同时，判例制度已不是英美法系国家专属的司法制度，一些具有代表性的大陆法系国家也建立了符合其国情的判例制度，发挥着指导司法审判正确适用成文法的作用。而在我国，案例传统源远流长，秦有“廷行事”，汉有“决事比”，宋有“断例”，清有“成案”。可以说，以例辅律、律例并行是中华法系的一大特色，赋予了中国特色案例制度深厚底蕴。在司法案件愈加复杂、利益诉求日趋多元的当下，确保正确、统一适用法律，更是离不开案例功能的充分发挥。建设人民法院案例库，经过最高人民法院统一审核把关，编发对类案审判具有参考示范价值的案例，逐步覆盖各类罪名和案由、各种疑难复杂法律适用问题，给法官办案提供更加权威、更加规范、更加全面的指引，是最高人民法院履行对下监督指导法定职责的必然要求，对于促进统一裁判规则和尺度，避免“同案不同判”，保障法律正确、统一适用具有重要意义。

二是促进深化诉源治理。习近平总书记强调：“法治建设既要抓末端、治已病，更要抓前端、治未病。”① 人民法院处理涉诉案件，既是化解各种社会矛盾纠纷的过程，更是参与社会治理的重要方式。人民法院案例库的入库案例，可以更加充分地发挥司法裁判的评价、引领、教育功能，从源头上预防和减少矛盾纠纷，是质量和效益更高的司法审判工作。案例是法治建设的深刻印迹，是社会“烟火”生活的映射，是活的法律与教材。人民法院案例库对社会开放，有助于人民群众通过生动鲜活的案例更好地学习法律、运用法律，增强法律意识、明晰行为边界，同时强化自我保护；发生纠纷后，可以借助入库类似案例了解裁判规则、预测诉讼结果，从而减少不必要的起诉、上诉和申诉。各类调解组织也可以通过检索案例库更好地做当事人的引导、说服工作，尽可能促成调解。这样可以起到“发布一案、教育一片”的效果，真正把“抓前端、治未病”落到实处。

三是促进深化司法公开。习近平总书记指出，要加大司法公开力度，回应人民群众对司法公正公开的关注和期待。② 最高人民法院高度重视司法公开工作，切实加大裁判文书公开力度，持续优化裁判文书公开机制，不断提升裁判文书公开质效。在中国裁判文书网不断优化的同时，人民法院案例库持续收录体例规范、要素齐全、便于检索的参考案例，不仅为广大司法法律界人士提供更加精准、权威的办案参考和研究素材，也有效回应了人民群众对更深层次司法公开的现实需求。可以说，人民法院案例库是针对需求侧创新提供的新型“司法供给”和

---

① 《习近平谈治国理政（第四卷）》，外文出版社 2022 年版，第 353 页。

② 参见《习近平：依法治国依法执政依法行政共同推进》，载新华网 2013 年 5 月 25 日。

"法治产品"。

四是促进提升司法能力。进入新时代，社会主要矛盾发生变化，人民群众对民主、法治、公平、正义、安全、环境等方面的要求日益增长。近年来，得益于法治中国建设的不断加强，法官的能力素质有了明显提升，但同经济社会快速发展、法治建设不断深入、人民群众新的更高司法需求相比，差距仍然很大，总体还是跟不上、不适应。要当好法官、办好案件，必须善于学习、持续学习、终身学习。人民法院案例库集中全国法院的审判经验和智慧，将具有规则意义、典型意义的好案例汇聚起来，能够为全体法官学习提升提供一部包罗万象、与时俱进的"活教材"，有助于促进法官不断提升司法能力和裁判水平。

三、人民法院案例库的建设历程

2023 年 7 月 26 日，最高人民法院党组书记、院长张军同志主持召开党组会议，研究部署案例统筹管理和人民法院案例库建设工作。最高人民法院研究室作为责任部门，会同人民法院出版社先后赴山东、江西、福建、陕西等多地紧锣密鼓地进行调研座谈，召开系统内座谈会 10 余次，充分听取意见建议。结合人民法院工作实际，最高人民法院先后印发《最高人民法院关于建设人民法院案例库的通知》（法〔2023〕141 号、法〔2023〕142 号）及《最高人民法院关于加快推进人民法院案例库建设的通知》（法〔2023〕209 号）等规范性文件，不断完善案例库建设的工作机制和具体要求。人民法院出版社负责平台的研发，按照计划完成三期平台建设及外网系统搭建，在全国范围内分区组建运维服务群，全面收集功能需求、不断完善优化系统。最高人民法院各相关部门细化工作机制，加强研究论证，认真编写审查备选案例，积极参与、支持案例库建设，齐心协力、共同推进。全国各级人民法院认真贯彻落实最高人民法院党组决策部署，狠抓落实、全力推进人民法院案例库建设工作。

面向社会各界征集参考案例，是人民法院案例库建设过程中的一大创举，是人民参与司法、监督司法的新的重要方式。最高人民法院发布《关于征集人民法院案例库参考案例的公告》，决定自2023年12月22日起拓宽参考案例来源，面向有关机关、社会组织、法学院校和科研单位及专家学者、律师、有兴趣或有研究的公民个人等开展参考案例征集工作，邀请社会各界共同建设人民法院案例库，推动人民法院案例库建设工作高质量发展。公告发布后，法学院校、全国律协，专家学者、律师同人，甚至还有中学教师等非法律界人士，积极向人民法院案例库推荐案例。截至2024年4月30日，全国法院共收到社会推荐案例500余件，其中部分已经审核入库。例如，首批入库案例“李某强制猥亵案（2024-14-1-184-001）”就是一件中学教师推荐的入库案例。为确保社会各界更加方便快捷地推荐案例，人民法院案例库平台开设线上“推荐案例”通道。用户可在线填写案例相关信息予以推荐（亦可通过信函等方式推荐），所推荐案例经人民法院审查审核后，符合入库标准的，将及时收录入库。最高人民法院还将向推荐人颁发证书。对于社会推荐的入库案例，平台也会自动标识“社会推荐”字样。

在全国法院和社会各界的共同努力下，人民法院案例库的入库案例品质不断提升、结构日益优化，在2024年2月27日正式上线并面向社会开放之日入库案例达到3711件。此后，入库案例数量呈动态更新状况。截至2024年4月30日，人民法院案例库的入库案例数量达到3886件。其中，刑事案例共1484件，占比38.19%；民事案例共1729件，占比44.49%；行政案例共438件，占比11.27%；国家赔偿案例共26件，占比0.67%；执行案例共209件，占比5.38%。上述入库案例基本实现了对常见罪名、多发案由的“全覆盖”。盗窃、帮助信息网络犯罪活动、诈骗、故意伤害及毒品犯罪等常见犯罪，民间借贷纠纷、婚姻家庭纠纷、机动车交通事故责任纠纷等案件体量较大的案由，均收录了一批入库案例。可以说，目前案例库入库案例的总量虽然还比较有限，但在指导常见案件办理、处理常见法律适用问题方面，已基本能满足司法实践所需。当然，案例库对司法审判中常见“问题点”的覆盖还远远不够。下一步，会持续针对案例库的空白罪名、案由，特别是尚未涉及的法律适用问题，优先选取案例入库，力争尽早实现“覆盖各类罪名、案由，在同一罪名、同一案由下的不同法律适用问题也将有相应案例”的建设目标。

人民法院案例库正式上线并向社会开放，舆论反响积极热烈。“找案例、用案例，就上人民法院案例库”的局面正在逐步形成。截至2024年4月30日，人民法院案例库平台浏览量731万人次，访问人数132.7万人，注册用户数42.7万个，已有95个国家的用户访问人民法院案例库。案例库已成为服务司法审判、公众学法、学者科研、律师办案的权威平台，也是世界各国观察中国司法、中国法治的重要窗口。

人民法院案例库的网址是https：//rmfyalk.court.gov.cn。最高人民法院官网首页设有“人民法院案例库”图标，可直接点击进入。新用户根据提示注册账号后，即可登录检索查阅案例。登录后，可以通过选择输入栏左侧的全文、案例编号、标题、关键词、基本案情、裁判理由、裁判日期等选项进行检索，亦可通过高级检索选项进行更精准检索。此外，还可以点击首页下方的“刑事”“民事”“行政”“国家赔偿”“执行”图标查阅五大审判业务领域下的所有案例。为彰显对老幼等特殊群体权益的司法保护，满足用户多层次、多样化的案例需求，人民法院案例库还设有“涉老年人保护案例”“涉未成年人保护案例”等特色专栏。下一步，案例库平台将不断优化各类功能，提升用户友好度，探索开发“人民法院案例库App”手机客户端，让社会公众指尖可享“公共法律服务产品”。

人民法院案例库上线并面向社会开放后，社会各界广泛关注，这对人民法院案例库建设工作提出更高要求、更严标准。为进一步做好人民法院案例库建设和使用工作，2024年5月6日，最高人民法院印发

《人民法院案例库建设运行工作规程》（法〔2024〕92号），对入库流程、社会推荐、检索使用、动态调整等内容作出明确。这标志着人民法院案例库建设和使用进入更加规范的新阶段，必将促进各级人民法院更加重视案例库建设，更好完成案例推送、审查、审核入库工作，更加准确参考入库类似案例作出裁判，推动人民法院案例库持续健康发展。

四、入库案例的筛选流程和效力定位

入库案例包括指导性案例和参考案例两大类别。指导性案例在案例体系中处于“金字塔尖”的位置，属于当然入库的案例。参考案例则需要历经严格的审查审核程序，方可入库。关于指导性案例的遴选、审查、审议、使用等，《最高人民法院关于案例指导工作的规定》（法发〔2010〕51号）已有明确规定，兹不赘言。在此，主要就参考案例的入库标准、入库流程、动态调整和效力定位加以介绍。

（一）参考案例的入库标准

参考案例的入库标准为“精准聚焦审判工作中需要明确规则、加强指导的司法实践问题，收集、编选、审查具有典型参考示范作用的案例，确保入库案例具有裁判规则意义或者裁判指引作用，在审判实践中能够发挥统一法律适用、以案释法等方面的价值”。而且，参考案例体现的类案裁判规则要客观、准确、体系协调，针对同一具体法律适用问题收录的参考案例一般不超过2件，避免发生案例间裁判规则互相冲突的现象，保证裁判规则的权威性和指导性。此外，在方法理念、机制创新、调解规则等方面具有借鉴参考意义的调解案例、涉老年人特殊群体等司法案例也可以作为参考案例入库。

简言之，入库参考案例主要涵括两种情形：一是重在规则指引，即案例必须在司法理念、政策导向、法律适用、裁判尺度、工作方法等方面具有典型性、指导性，能够为类案办理提供权威参考；二是兼顾规范引领，做实“为大局服务、为人民司法”，注重围绕党和国家中心工作、社会各界和人民群众关切收录案例，充分发挥司法裁判的评价、规范、引领功能，有效促进经济社会高质量发展，增进民生福祉，积极融入国家和社会治理。

（二）参考案例的入库流程

参考案例的遴选、编研、入库等程序设计，坚持了“四级法院携手联动、各审判业务条线各司其职”的思路，以有效保证案例来源的广泛性、审核把关的权威性。具体而言，参考案例入库大致需要历经编写报送、审查推送、审核入库等系列程序。

1. 编写报送

入库参考案例主要来源于地方法院报送的案例，同时也包括最高人民法院办理的案件。中级、基层人民法院对本院已经发生法律效力的裁判，认为符合入库标准的，可编写备选参考案例报送。各高级人民法院聚焦审判工作中需要明确规则、加强指导的司法实践问题，收集、选编、审查本院和本辖区内具有典型参考示范作用的生效案例，认为符合入库标准的，经本院院领导审批，向最高人民法院相关审判业务部门报送。

2. 审查推送

最高人民法院各审判业务部门分为 18 个业务条线对入库备选案例进行审查。各高级人民法院报送及最高人民法院各有关部门选编的案例，先按条线由最高人民法院相关审判业务部门进行审查，审查时要提交专业法官会议集体讨论，对备选案例的事实认定、法律适用、裁判说理、价值导向等作全面、严格的把关。经审查认为符合入库标准的，报分管院领导审批后送最高人民法院研究室审核。

3. 审核入库

最高人民法院研究室对入库备选案例进行审核。研究室在对案例材料是否齐全、体例格式是否符合要求等进行审核的基础上，重点对案例是否符合入库标准进行审核。为确保审核质量，建立院内专家跨部门交叉复核、院外专家协同复核把关的常态化工作机制，视情将案例送交院内外相关专家研提意见，为案例质量再加一道“保险栓”。对于经过审核复核符合入库标准的案例，在入库前需要进行文字核校，尽力避免案例文字表述出现错误。

（三）参考案例的动态调整

人民法院案例库实行动态调整机制，参考案例入了库并不意味着就进了“保险箱”。为确保入库案例不断完善，最高人民法院各审判业务部门、研究室将定期检查审判业务条线相关入库案例，跟进法律、司法解释、规范性文件立改废进程，及时组织补充、更新、清理相关案例，确保入库案例始终具有指导性、权威性和典型性、时效性。对于入库参考案例不再符合入库标准，或者虽然符合入库标准但有更适宜的案例需要替换的，将及时出库、替换案例。

按照工作流程，地方各级人民法院认为参考案例在法律适用方面存在不当或者裁判理念等应当有发展、完善，不宜作为参考案例的，应当提出意见并说明理由，层报最高人民法院相关审判业务部门审查。最高人民法院相关审判业务部门认为入库案例需要出库的，应当说明理由，报分管院领导审批后，送研究室办理。最高人民法院研究室认为入库案例需要出库的，商相关审判业务部门处理。同时，人民法院案例库在每个入库案例下方设有用户评价和意见建议反馈通道，社会各界均可针对有关案例所确立的裁判规则是否正确、是否妥当等发表意见建议，促进人民法院案例库动态调整。截至 2024 年 4 月 30 日，共收到意见建议 399 条。其中，关于案例文本的修改完善建议 127 条，关于新增相关领域案例的建议 77 条，关于优化平台功能的建议 152 条，其他建议 43 条。对上述建议已作了认真梳理和分析研究，不少建议已被采纳。

（四）参考案例的效力定位

参考案例在效力方面与最高人民法院此前发布的典型案例、公报案例、刊物案例明显不同。人民法院案例库收录的案例，均系经最高人民法院审核认为对类案审判具有参考示范价值的案例。案例库上线后，各级人民法院审理案件，应当检索人民法院案例库，严格依照法律和司法解释、规范性文件，并参考入库类似案例作出裁判，避免“同案不同判”。各级人民法院审理案件时，经检索发现人民法院案例库未收录类似案例，而正在审理的案件所涉法律适用问题疑难、复杂的，可以就相关法律适用问题提出请示，或者报请提级管辖；由本院继续审理的，应当提交审判委员会讨论决定。各级人民法院审理案件时，经检索发现人民法院案例库收录有类似案例，但认为正在审理的案件具有特殊情况，不宜参考入库案例的，应当提交审判委员会讨论决定。前述案件对类案审判具有参考示范价值的，作出生效裁判的人民法院应当在裁判作出后及时编写案例，按照规定流程入库。

五、入库案例的体例格式

入库案例包括指导性案例和参考案例两大类别。对于指导性案例，按照发布之时的文本直接入库。故而，在此主要围绕参考案例的体例格式加以介绍。具体而言，人民法院案例库入库参考案例的体例主要包括编号、标题、副标题、关键词、基本案情、裁判理由、裁判要旨、关联索引八个部分。

（一）关于编号

入库参考案例的编号具有唯一性，相当于参考案例的“身份证号”。编号共 13 位数字，分 5 个字段，分别标示案例收录年度（4 位数）；案例审查业务部门（号段为 01~18，依次代表最高人民法院立案庭、刑一庭、刑二庭、刑三庭、刑四庭、刑五庭、民一庭、民二庭、民三庭、民四庭、环资庭、行政庭、知识产权法庭、少年法庭、赔偿办、审监庭、执行局、研究室)；审判执行业务领域（号段目前为1~6，依次代表刑事、民事、行政、国家赔偿、执行、调解)；罪名、案由编号(3位数)、案例序号（3位数)。例如，参考案例“田某诉杨某生命权、健康权、身体权纠纷案”的编号为“2023-07-2-001-001”，“2023”代表案例收录年度，“07”代表本案系由最高人民法院民一庭审查推送，“2”代表民事案例，“001”代表第1个民事案件三级案由，即“生命权、健康权、身体权纠纷”，“001”为本年度该案由下收录的第1个案例。鉴于各审判业务领域案例的具体情况不同，罪名或者案由的编号规则略有差异，有必要作一简要介绍。

1. 刑事案例的罪名编号

罪名编号系根据刑法分则规定的483个罪名依次排列。编写之中偶遇的问题是，对一些不负刑事责任的案例如何对应罪名编号。例如，有些案例适用的是依法不负刑事责任的精神病人的强制医疗程序。经研究，对此类案例可根据行为人涉嫌的罪名或者实施暴力行为客观上对应的罪名进行编号，以保证案例编号的标准统一。此外，对涉及多个罪名的案例，根据第一个罪名进行编号。

2. 民事案例的案由编号

根据《最高人民法院印发〈关于修改《民事案件案由规定》的决定〉的通知》，民事案件案由体系为总分式四级结构的设计。其中，473个第三级案由是司法实践中最常见和广泛使用的案由，可覆盖大部分民事案件。基于此，民事案例的案由编号主要是根据第三级案由排序。同时，考虑到民事法律关系的复杂性，对于没有相应的第三级案由的案例，可以适用相应的第二级案由。因此，在473个第三级案由编号后续编了54个第二级案由编号，以保证案由编号涵盖范围的全面性。

3. 行政案例的案由编号

考虑到行政案例的数量相对较少，案由编号主要根据《最高人民法院印发〈关于行政案件案由的暂行规定〉的通知》（法发〔2020〕44号）规定的 22 个二级案由进行编号。同时，根据《最高人民法院关于增加部分行政案件案由的通知》（法〔2019〕261 号）增加的知识产权授权确权和涉及垄断的行政案件案由，在前述 22 个案由基础上续编植物新品种、专利、集成电路布图设计、商业秘密、垄断、不正当竞争、商标、著作权等相关行政案件 8 个案由编号。

4. 国家赔偿案例的案由编号

根据《最高人民法院关于司法赔偿案件案由的规定》（法〔2023〕68 号）等有关规定，国家赔偿案件案由体系分为三级。考虑到总体案由较少且有的二级案由下没有三级案由，为了保证编号体系协调，国家赔偿案例编号中的案由字段（3 位数）组成为：第 1 位表示一级案由，第 2 位表示二级案由，第 3 位表示三级案由，根据具体情况对应编号。例如，违法刑事拘留赔偿案例的案由编号为“111”，即第 1 个一级案由“刑事赔偿”下的第 1 个二级案由下的“人身自由损害刑事赔偿”下的第 1 个三级案由。又如，如果一些特殊案例没有对应的二级和三级案由，需要适用“刑事赔偿”一级案由的，则案由编号为“100”。

5. 执行案例的案由编号

鉴于执行案件目前尚无案由规定，执行案例的案由编号主要参照《最高人民法院关于人民法院案件案号的若干规定》中人民法院案件类型及其代字标准的有关规定，执行案例编号中的案由字段（3 位数）中，第 1 位数用 1、2、3 分别表示执行案件的三种分类（执行实施类案件、执行审查类案件、其他执行案件）；第 2 位数、第 3 位数表示该类之下的具体类型。例如，有关执行复议案例，案由编号为“202”，即为执行审查类下第 2 个执行复议类型。

需要提及的是，指导性案例发布时已经编号（原为“指导案例××

号”，自第192号案例开始，调整为“指导性案例××号”），收录入库时在保留原编号的同时，再赋予入库编号。其中，年度字段设置为指导性案例发布的年度，部门序号使用研究室序号（18），另外三个字段参照入库参考案例编号的设置规则。

此外，未来将探索为每个入库案例设置一个识别码，实现手机扫描识别后即可打开查阅相关案例内容。

（二）关于标题

刑事参考案例的标题一般由被告人姓名或者被告单位名称加罪名组成，如“袁某某盗窃案（2023-14-1-221-001）”。但是，对于不构成犯罪的案件，如正当防卫、宣告无罪或者强制医疗的案例，标题不再参照上述规则，如“唐某华、杨某祥正当防卫案（2024-05-1-179-001）”“张某搏合同诈骗宣告无罪案（2023-03-1-167-004）”“潘某强制医疗案（2024-02-1-013-001）”等。民事、行政、国家赔偿参考案例的标题一般由案件当事人姓名或名称加案由组成，如“吴某某诉上海某某生物科技有限公司买卖合同纠纷案（2023-07-2-084-060）”。执行参考案例的标题可以由案件当事人姓名或名称加执行审查程序组成，如“索某某与许某某等执行复议案（2024-17-5-202-022）”。

（三）关于副标题

副标题为一句话，主要鲜明体现参考案例所要解决的法律适用问题，反映参考案例的价值、精髓、核心。例如，鉴于“唐某华、杨某祥正当防卫案（2024-05-1-179-001）”的争议问题主要涉及对行为人防卫之时不法侵害是否仍在进行，以及防卫行为是否构成防卫过当的认定，且裁判要旨也主要围绕这两个层面展开，故将副标题确定为“正当防卫时间条件、限度条件的把握”。

（四）关于关键词

关键词为词或词组，一般由刑事、刑事诉讼、民事、民事诉讼、行政、行政诉讼、国家赔偿、执行等词引领，第二个关键词一般是罪名或者案由，然后再依次列出与参考案例解决的问题、总结的裁判要旨有密切关联的词语。关键词要全面、准确、具体，便于检索。关键词的位置在副标题之后，基本案情之前。

（五）关于基本案情

基本案情部分可以先准确、简明地概述控（诉）辩意见，再叙述法院经审理查明事实，也可以直接叙述法院审理查明的事实。关键要写明与裁判要旨关联的基本事实，有针对性，要完整、准确、概括地反映案件的基本情况，表述要通俗易懂，层次清楚，重点突出，详略得当，简明扼要。基本案情部分最后另起一段简述案例的裁判结果，包括诉讼经过和结果，写明案件的裁判法院、裁判时间、案号和裁判主文。裁判结果是判决或者裁定的主文，应当准确、规范。对于裁判结果所涉被告人或者被告单位、罪名数量较多的，可以简略叙述裁判结果。

（六）关于裁判理由

裁判理由主要摘自生效裁判文书中“法院认为”部分的内容。裁判理由是人民法院针对案件事实，根据法律法规、司法解释、政策的精神，从法理、事理、情理等方面，详细论述法院裁判的依据、理据。一审、二审等不同程序裁判理由不一致的，一般只写生效裁判的论述理由。裁判理由的表述应当准确、精当、透彻，与叙述的基本案情前后照应，并注意结合选定案例的社会背景，体现裁判政治效果、社会效果和法律效果的统一。

（七）关于裁判要旨

参考案例本质是对办案经验的总结推广，借此解决司法疑难问题。因此，裁判要旨的准确撰写是确保参考案例质量的关键。裁判要旨是参考案例拟解决问题的概要表述，简要归纳和提炼参考案例体现的具有类案参考、指引作用的裁判规则、理念或方法等，以及审理类似案件应当注意的问题。裁判要旨应当概括、精练，结论明确，语义准确。裁判要旨阐释提炼的规则、理念、方法等，为两个以上的，按照裁判要旨的重要性或者逻辑关系用阿拉伯数字标示。

（八）关于关联索引

关联索引主要包括两个部分：一是相关法条；二是裁判信息。相关法条部分需列明本案裁判适用的相关法律及条文序号。涉及不同法律的，按法律位阶依次起行并列排列；涉及同一法律不同条文的，按条文的先后次序排列，亦可根据与案例关联的紧密程度排序。裁判信息部分依序分段列明案件一审、二审、再审、执行审查等情况。列明裁判法院、案号、裁判类型和裁判日期。对于特殊案件，如涉未成年人案件，关联索引部分一般会隐去相关裁判信息。

（九）关于姓名等信息的处理

入库参考案例均对涉及的自然人姓名、法人和非法人组织的名称作了隐名处理，对相关的身份证号码、统一社会信用代码、通信方式、银行账号、地址、车牌号码等信息作了删除等技术处理。对行政案例中的被告，包括行政机关和法律法规规章授权的组织，以及国家赔偿案例中的赔偿义务机关等名称，原则上不作隐名处理。同时，鉴于删除知识产权案例中的专利名称、商标名称、商号和知识产权行政管理部门等信息可能会影响对基本案情的理解，故一般保留此类信息。

六、首批入库案例的基本情况

首批入库案例为后续入库案例的编选入库提供了范例，值得梳理总结。基于此，为了对未来入库案例编选提供指引借鉴，也为了让社会公众更全面了解案例库的“产品标准”，在此对首批入库案例的特点属性加以具体阐释。

（一）精准服务大局，助力高质量发展

聚焦大局、服务大局、保障大局，是人民法院的优良传统。最高人民法院充分发挥司法优势建设人民法院案例库，正是构建精准服务大局的载体和平台，以案例带动各项审判业务精准助力高质量发展。这就要求入库案例体现时代性，牢牢把握以人民为中心的立场，切实回应党和国家大局所需、人民群众迫切期盼。例如，首批入库案例收录了一批关于民营企业产权和企业家权益保护、涉案企业合规改革、知识产权保护等相关领域的案例，以案例的形式强化司法裁判规则供给，指引各级人民法院依法公正、妥善处理案件，进一步推动经济社会高质量发展。在此，以涉案企业合规改革相关入库案例为例加以阐释。

涉案企业合规改革是事关党执政根基的政治问题，是服务保障高质量发展，平等保护各类市场主体的必然要求。自2023年3月以来，最高人民法院部署各级人民法院同检察机关共同做好涉案企业合规改革，并拓展至民事、行政、执行等领域。为落实上述要求，人民法院案例库围绕涉案企业合规改革主题专门收录了6件参考案例。为便于人民法院在办理涉案企业合规案件中参考适用，这6件案例的合规整改环节有所不同，覆盖刑事诉讼审查起诉和审判阶段，彰显了涉案企业合规的全流程适用的价值取向。具体而言，“北京某贸易公司、某国际贸易公司走私普通货物案（2023-06-1-085-004）”旨在明确人民法院对涉案企业在审查起诉阶段完成合规整改案件的处理；“邓某甲、邓某乙违规不

披露重要信息案（2024-03-1-090-001）”旨在明确涉案企业在审查起诉阶段开启合规整改，在审判阶段继续完成合规整改案件的处理；“某公司污染环境案（2023-11-1-340-008）”被称为“一审阶段涉企合规第一案”，“邢某某虚开增值税专用发票案（2024-18-1-146-002）”被称为“二审阶段涉企合规第一案”，旨在明确在审查起诉阶段未开展合规整改的案件，如何在审判阶段开展合规整改，以及对所涉案件如何处理。

入库案例不同于典型案例，重在针对司法实践疑难问题明确处理规则。这6件案例着重解决的就是涉案企业合规整改之中遇到的法律适用疑难问题。例如，涉案企业合规整改适用的案件仅限于单位犯罪，还是可以包括特定自然人犯罪在内，存在一定争议。有鉴于此，“邢某某虚开增值税专用发票案”的裁判要旨之一即为“公司、企业的实际控制人、经营管理人员等实施的、与生产经营密切相关犯罪的，也可以适用企业合规整改……”。又如，对于审前阶段未启动合规整改，审判阶段宜否启动合规整改，以及由法院还是检察机关主导组织开展具体整改，实践中亦存在不同认识。经研究认为，从有利于涉案企业合规整改全流程开展的考虑出发，在审判阶段启动合规整改，以及所涉整改可以根据情况由法院具体主导开展，具有必要性和可行性。为此，“某公司污染环境案”开启在审判阶段主导涉案企业合规整改的第一步，在量刑时可以综合全案情况，将涉案企业合规整改成效作为酌定从轻情节，其裁判要旨亦明确“人民法院可以综合全案情况，将整改成效作为酌情从轻量刑情节予以考量”。在此基础上，“邢某某虚开增值税专用发票案”在裁判要旨部分进一步明确：“对于在审判阶段申请开展合规整改的，可以由人民法院视情直接组织开展。对符合相关条件的涉案企业，在第一审程序中未进行合规整改的，可以在第二审程序中开展。”

（二）注重案件“新鲜度”，确保案例时效性

入库参考案例系根据人民法院作出的生效裁判改编的，一般不限制裁判生效的时间。一些情形下，对于作为裁判依据的法律、司法解释等已被修改，但对涉及的法律适用问题等仍具有参考示范作用，裁判要旨与现行法律、司法解释等一致，符合入库标准的案例同样可以入库。换言之，案例的裁判生效时间远近不是判断是否符合入库条件的绝对标准，关键在于是否具有参考指引价值，是否符合入库标准。实际上，一些案例的生效裁判时间尽管较为久远，但只要具有参考示范价值的，依然可以收录入库。例如，从司法实践来看，正当防卫案件的处理往往存在重大争议，乃至承受法律以外的压力。为确保正当防卫制度依法正确适用，人民法院案例库首批收录了34件涉正当防卫的入库案例。该批案例的裁判生效时间跨度相对较大。其中，“叶某朝正当防卫案（2024-18-1-177-001）”发生在1997年刑法施行之前，裁判作出时间为1997年刑法施行伊始，可以说是“老古董”。但是，该案属于对1997年刑法增设的特殊防卫制度适用的较早案件，对于特殊防卫的适用前提、防卫手段和防卫限度等具体问题的认定和政策整体把握具有很强的规则指引意义，故将其予以收录。此外，还收录了“唐某华、杨某祥正当防卫案（2024-05-1-179-001）”，该案则为2024年初才作出生效裁判的新案例，同样为正当防卫时间条件、限度条件的把握提供了类案规则指引。

当然，在具有选择余地的前提下，入库案例优先选择新近案件，即对于涉及同一法律适用问题的，一般优先选用生效时间在后的案件。特别是，在新法律、司法解释及规范性文件发布后，更加注重收集、编选依照新法律、司法解释等作出裁判的案例，以便发挥案例“快”的优势，及时为案件审理提供参考指引。例如，2023年12月《最高人民法院、最高人民检察院、公安部、司法部印发〈关于办理醉酒危险驾驶

刑事案件的意见〉的通知》（高检发办字〔2023〕187号），对醉酒型危险驾驶罪的定罪量刑标准和有关法律适用问题作了新的规定。为此，人民法院案例库首批收录了42件适用最新意见审理的醉驾案例，切实发挥指导审判、服务社会的功能。此外，还需要特别注意的是，如果由于立法修改导致所涉案例的裁判规则针对的法律适用问题已不复存在，或者由于经济社会发展使所涉案例提炼的裁判要旨已无指导意义的，则不应当收录入库。

需要提及的是，案例“新鲜度”还包括随着经济社会发展而产生的新类型案例。例如，下班以后还要在线加班，是网络时代劳动者面临的、带有相当普遍性的新现象新问题。对此，案例库收录了全国首例在裁判文书中明确“隐形加班”的案例，即“李某艳诉北京某科技公司劳动争议案（2024-18-2-490-002）”，通过裁判要旨确立“隐形加班”的认定标准，即“对于用人单位安排劳动者在非工作时间、工作场所以外利用微信等社交媒体开展工作，劳动者能够证明自己付出了实质性劳动且明显占用休息时间，并请求用人单位支付加班费的，人民法院应予支持”。又如，“外卖小哥”等新业态从业者权益保护问题是与互联网经济相伴而生的“新问题”，尤其是与用工平台之间是否存在劳动关系更是司法审判的“大难题”。人民法院案例库收录“某服务外包有限公司诉徐某确认劳动关系纠纷案（2023-07-2-186-010）”，确立该类案件的劳动关系认定标准，在裁判要旨部分明确“外卖骑手与所服务企业之间的法律关系应根据双方之间的实际权利义务内容予以认定”“骑手与所服务企业均具备劳动关系主体资格，且实际履行的权利义务内容符合劳动关系从属性本质特征的，可认定双方存在劳动关系”。

（三）直面法律争议问题，保证案例品质

入库案例不仅要满足“没有错”这个底线要求，还应当达到“有

价值”的高质量标准。入库案例重在发挥规则指引价值，自然应当直面司法实务疑难问题。基于此，人民法院案例库在建设过程中并没有为了追求稳妥而刻意选编那些没有争议、四平八稳的案例。相反，有些入库案例可能存在一定争议，各方可能会对所涉问题有不同看法。从促进法律正确、统一适用这个基本目标看，越是“同案不同判”的案件，越是疑难、复杂、争议的问题，通过编发入库案例加以统一指导的价值越高。

注重围绕疑难、复杂、争议问题选编案例，是首批入库案例的特点之一。例如，此前社会高度关注的“PUA第一案”，即“牟某某虐待案（2024-18-1-214-001）”，被作为参考案例入库。该案在处理过程之中即存在一定争议。刑法第二百六十条未对虐待罪中“家庭成员”的范围作出明确界定，而对处于婚前同居关系的情侣是否属于“家庭成员”，理论界和实务界均存在较大争议。“社会在发展，司法须前行”。为有效保护被害人人身权利，确有必要根据经济社会发展与转型的现实情况，及时明晰虐待罪中“家庭成员”的范围。该案例的裁判规则明确：“与行为人具有共同生活事实，处于较为稳定的同居状态，形成事实上的家庭关系的人，也可以认定为刑法上的‘家庭成员’”，从而将虐待罪的适用范围拓展至包括事实家庭关系在内。又如，“隔代探望权”是近年来婚姻家庭关系中出现的新问题。父母离婚后，祖父母、外祖父母对孙子女、外孙子女尽了抚养义务的，或者孙子女、外孙子女的父母一方死亡的，祖父母、外祖父母是否享有隔代探望权，实际存在较大认识分歧。民法典（草案）曾对祖父母、外祖父母的隔代探望权作出规定，后因各方未达成共识，删去相关条文。问题固然可以慢慢争辩，理论也可以继续探讨，但司法实务必须及时处理案件。为此，案例库有针对性地收录了“沙某诉袁某探望权纠纷案（2023-07-2-027-002）”，明确了相关案件的裁判规则。本案裁判法院认为，隔代探望除满足成年亲属对未成年人的情感需求外，也是使未成年人可以获得更多来自成年亲属关爱的一种途径，符合中国传统家庭伦理观念、公序良俗和社会主义核心价值观。基于未成年人利益最大化理念，裁判支持原告隔代探望的诉讼请求，同时对隔代探望作了相应条件限制，即隔代探望不得影响未成年人正常生活和身心健康。由此，本案例裁判要旨明确："未成年人的父或母一方死亡，（外）祖父母向人民法院申请隔代探望（外）孙子女的，人民法院应当坚持最有利于未成年人、有利于家庭和谐的原则，在不影响未成年人正常生活和身心健康的情况下，可以予以支持。"

需要提及的是，"同案同判"需要建立在相同的事实基础之上。社会生活复杂多样，案件情况千差万别，区分不同具体案情甚至细微差异作出不同处理应属当然。例如，首批入库案例"曹某洋侵占案（2023-04-1-225-002）""贾某甲、贾某乙盗窃案（2023-05-1-221-028）""关某某、赵某职务侵占案（2024-05-1-226-008）"均涉及出借出售银行卡进而取走卡内资金这一看似相同的案情，但所涉案件存在细微差异，且正是由于细微差异导致案件定性不同。就"曹某洋侵占案"而言，实际系出借人借出银行卡后，不愿意继续出借遂将银行卡挂失并冻结卡内资金，后因协商不成补办新卡并将所涉资金转入。对于挂失冻结银行卡的行为，由于借卡人（存款人）亦事后知晓，并提出愿意支付"好处费"，故对所涉行为评价为民事纠纷为宜。但无论如何，行为人此时对银行卡中冻结的资金建立实际持有，属于"代为保管"他人资金，符合侵占罪的前提条件，加之后续补办新卡并将所涉资金转入的行为，可以认为具备"拒不退还"的要件，应当根据刑法第二百七十条的规定，以侵占罪论处。与之不同，"贾某甲、贾某乙盗窃案"则属于典型的"黑吃黑"，对其适用盗窃罪符合司法实务的惯常做法。而职务侵占罪表现为单位工作人员利用职务上的便利，将本单位财物非法占为己有的行为，实际上包括"监守自盗"，即利用职务便利实施的盗窃罪。考虑到单位借用员工银行卡，进而将单位钱款存入银行卡，实际赋予了员工为单位利益管理该银行卡、保管卡内钱款的职权。尽管所涉问题可能存在一定争议，但职务侵占罪中的职务便利与贪污罪中的职务便利存在一定区别已是理论通说和实务共识，加之认定为职务便利实际有利于被告人，故“关某某、赵某职务侵占案”对出借银行卡给单位后又通过挂失、补卡等行为将单位钱款取出自用的行为定性为职务侵占罪。总而言之，上述三个入库案例所涉案情看似相同，实则在细节上存在重大差异，进而影响到具体定性。对此，在查询使用案例库之时应当注意全面细致把握案情，防止“以偏概全”找案例，更要防止机械套用到正在审理的案件之中造成“错判”。

（四）注重规范引领，助推社会治理

党的二十大报告明确要求“深入开展法治宣传教育，增强全民法治观念”，强调“公正司法是维护社会公平正义的最后一道防线”。建设人民法院案例库，正是人民法院认真落实“谁执法谁普法”普法责任制，积极引领社会法治意识的具体举措。入库案例绝大多数发生在群众身边，件件连着民心。首批入库案例注重发挥司法裁判的评价、引领、教育功能，让法治观念深入人心，从源头上预防和减少矛盾纠纷，促进社会治理，努力让人民群众的获得感、幸福感、安全感更加充实、更有保障、更可持续。

例如，近年来，随着经济社会发展，高额彩礼问题凸显，纠纷日益增多，甚至引发恶性案件，引起社会各界持续热议。为统一彩礼返还纠纷案件的司法裁判规则，给相关当事人提供行为指引，引导人民群众更加理性看待彩礼问题，人民法院案例库首批收录了4件彩礼返还纠纷案例，就彩礼与恋爱期间一般赠予的区别认定、确定是否返还及返还彩礼的具体比例时应当重点考量的因素、如何平衡双方当事人利益，特别是妇女合法权益的保护等问题作出进一步明确，做到既尊重传统习俗，又明确禁止以彩礼为名索取财物，引领社会新风尚，让婚姻始于爱，让彩礼归于“礼”。

又如，长期以来，由于“知假买假”固然可以惩治制假售假行为，但也客观存在借维权敲诈勒索等现象，时常成为社会热议的问题。司法实践中，对于明知食品存在质量问题仍然购买者能否被认定为消费者、要求10倍惩罚性赔偿的诉讼请求是否应当予以支持等问题，相关裁判长期不甚统一。为进一步统一类案裁判规则，引导生产经营者合法生产经营、消费者理性维权，人民法院案例库在将指导性案例“孙某山诉南京欧某超市有限公司江宁店买卖合同纠纷案（指导案例23号）”入库的同时，收录了4件涉食品安全惩罚性赔偿的参考案例，分别从不同角度明确了食品安全惩罚性赔偿问题的类案裁判规则，充分发挥入库案例的参考指引价值和社会规范引领作用。整体来看，该5件案例明确支持消费者的维权行为，发挥人民群众的监督作用，有效遏制食品领域的违法生产经营行为；同时，明确在“生活消费需要”范围内支持“购买者”关于支付价款10倍惩罚性赔偿金的诉讼请求。而关于“生活消费需要”范围的合理界定，则需要在司法实践中根据个案具体情况来具体把握。对此，在“沙某诉安徽某食品科技有限公司买卖合同纠纷案（2024-07-2-084-004）”中，裁判法院认定沙某首单购买30盒“黄芪薏米饼干”符合合理生活消费需要，但沙某又多次追加购买多达200盒饼干，明显超出了合理生活消费需要范围。此外，生活消费需要范围不能仅以消费总量为判断标准，还要看消费行为方式和习惯是否合理。在“张某诉上海某生鲜食品有限公司买卖合同纠纷案（2024-07-2-084-002）”中，张某46次刷卡购买46枚过期咸鸭蛋，尽管购买总量没有超出生活消费需要范围，但购买方式明显不符合通常消费习惯，如果按照每次结算赔偿1000元的标准累计计算惩罚性赔偿金（46次为46000元），则与食品安全法第一百四十八条第二款规定的惩罚性赔偿制度精神不符。据此，裁判法院依法认定在总价款101.2元基础上支持10倍惩罚性赔偿1012元。可以说，上述入库案例所确立的裁判规则，促进了延宕多年的“知假买假”裁判标准不统一问题得到规范，既能充分发挥惩罚性赔偿制度的应有作用，又可以有效防止有人通过钻法律空子谋取不当利益，让生产经营者“小过担重责”。

人民法院案例库建设是一项长期工程，永远“只有进行时、没有完成时”，又是一项公共工程，需要大家“齐动手、共努力”。我们相信，有全国法院的齐心协力，有社会各界的广泛支持，人民法院案例库建设必将稳步推进，为人民群众提供更优更多的高质量“法治产品”，推动中国特色案例制度不断健全完善。

最高人民法院　司法部

关于印发《关于充分发挥人民调解基础性作用 推进诉源治理的意见》的通知

2023年9月27日　　　　司发〔2023〕1号

各省、自治区、直辖市高级人民法院、司法厅（局），解放军军事法院，新疆维吾尔自治区高级人民法院生产建设兵团分院、新疆生产建设兵团司法局：

现将《关于充分发挥人民调解基础性作用 推进诉源治理的意见》印发你们，请结合实际，抓好贯彻落实。

关于充分发挥人民调解基础性作用 推进诉源治理的意见

为深入贯彻落实习近平总书记关于调解工作的重要指示精神和党中央决策部署，坚持把非诉讼纠纷解决机制挺在前面，抓前端、治未病，充分发挥人民调解在矛盾纠纷预防化解中的基础性作用，深入推进诉源治理，从源头上减少诉讼增量，提出以下意见。

一、总体要求

（一）指导思想

坚持以习近平新时代中国特色社会主义思想为指导，全面贯彻落实党的二十大精神，深入学习贯彻习近平法治思想，认真贯彻落实习近平总书记关于调解工作的重要指示精神，坚持党的领导，坚持以人民为中心，坚持和发展新时代“枫桥经验”，进一步加强人民调解工作，健全完善诉调对接工作机制，强化工作保障，推动源头预防、就地实质化解纠纷，为建设更高水平的平安中国、法治中国作出积极贡献。

（二）工作原则

坚持党的领导。坚持党对人民调解工作的全面领导，牢牢把握人民调解工作正确政治方向，确保党中央决策部署得到全面贯彻落实。

坚持人民至上。坚持人民调解为了人民、依靠人民，以维护人民群众合法权益为出发点和落脚点，为人民群众提供更加优质高效智能的调解服务。

坚持预防为主。坚持抓早抓小抓苗头，引导基层群众优先选择人民调解等非诉讼方式，夯实诉源治理，切实把矛盾纠纷解决在基层、化解在诉前。

坚持协调联动。加强资源统筹，广泛引导和发动社会各方面力量参与矛盾纠纷化解，促进矛盾纠纷有效分流、及时调处、形成合力。

坚持实质化解。不断提升调解能力，提高调解协议自动履行率，保证调解协议效力，依法维护人民调解权威，促进矛盾纠纷就地实质化解。

坚持创新发展。总结有益经验，从实际出发，不断推进工作理念、平台载体、制度机制、方式方法创新，丰富和完善人民调解制度，提高诉源治理水平。

二、夯实人民调解“第一道防线”

（一）加强矛盾纠纷排查预防。切实把矛盾纠纷排查作为一项基础性、日常性工作，采取普遍排查与重点排查、日常排查与集中排查相结合等方式，不断提高矛盾纠纷排查的针对性、有效性。加强与网格员、平安志愿者等群防群治力量和派出所、综治中心等基层维稳单位的信息共享、联排联动，做到排查全覆盖、无盲区。聚焦矛盾纠纷易发多发的重点地区、重点领域、重点人群、重点时段，开展有针对性的重点排查。围绕服务乡村振兴等国家重大战略，围绕开展重大活动、应对重大事件等，组织开展形式多样的矛盾纠纷专项排查。对排查出的矛盾纠纷风险隐患，建立工作台账，分类梳理，采取相应的防范处置措施，努力做到早发现、早报告、早控制、早解决。

（二）加强基层矛盾纠纷化解。加强乡镇（街道）、村（社区）人民调解组织规范化建设，做到依法普遍设立、人员充实、制度健全、工作规范、保障有力。完善覆盖县乡村组的人民调解组织网络，推进形式多样的个人、特色调解工作室建设，探索创设更多契合需要的新型人民调解组织。加大对婚姻家事、邻里、房屋宅基地、山林土地等基层常见多发的矛盾纠纷调解力度，坚持抓早抓小、应调尽调、法理情相结合，防止因调解不及时、不到位引发“民转刑”“刑转命”等恶性案件。对可能激化的矛盾纠纷，要在稳定事态的基础上及时报告，协助党委、政府和有关部门化解。

（三）加强重点领域矛盾纠纷化解。以社会需求为导向，对矛盾纠纷易发多发的重点领域，鼓励社会团体或其他组织依法设立行业性专业性人民调解组织。已经设立行业性专业性人民调解组织的，要在司法行政机关的指导下，全面加强规范化建设，确保中立性、公正性，防止商业化、行政化。进一步加强医疗、道路交通、劳动争议、物业等领域人民调解工作，积极向消费、旅游、金融、保险、知识产权等领域拓展。加强新业态领域矛盾纠纷化解，切实维护灵活就业和新就业形态劳动者合法权益。针对重点领域矛盾纠纷特点规律，建立完善人民调解咨询专家库，注重运用专业知识、借助专业力量化解矛盾纠纷，提高调解工作的权威性和公信力。

（四）加强重大疑难复杂矛盾纠纷化解。依托现有的公共法律服务中心，整合人民调解、律师调解、商事调解、行业调解、行政调解等力量，设立市、县两级“一站式”非诉讼纠纷化解中心（或矛盾纠纷调解中心），统筹律师、基层法律服务、公证、法律援助、司法鉴定等法律服务资源，联动仲裁、行政复议等非诉讼纠纷化解方式，合力化解市、县域范围内重大疑难复杂矛盾纠纷。

三、加强诉调对接工作

（一）加强诉前引导。在诉讼服务、法治宣传等工作中提供非诉讼纠纷解决方式指引，增强当事人及律师等法律服务工作者非诉讼纠纷解决意识。人民法院加强诉前引导，对诉至人民法院的案件，适宜通过人民调解解决的，向当事人释明人民调解的特点优势，引导当事人向属地或相关人民调解组织申请调解。经释明后当事人仍不同意调解的，及时登记立案。

（二）及时分流案件。人民法院对适宜通过人民调解方式解决的案件，在征得双方当事人同意后，可以先行在立案前委派或诉中委托人民调解。委派委托的人民调解组织，可以由当事人在司法行政机关公布的人民调解组织名册中选定，也可以由人民法院在特邀调解组织名册中指定。对基层矛盾纠纷，充分发挥村（社区）、乡镇（街道）人民调解委员会作用，及时就地予以化解。对行业专业领域矛盾纠纷，注重发挥相关行业性专业性人民调解组织优势，提升专业化解水平。鼓励非诉讼纠纷化解中心（或矛盾纠纷调解中心）与人民法院诉讼服务中心实行直接对接，统一接收人民法院委派委托调解的案件，组织、协调、督促辖区内人民调解组织开展调解。

（三）依法受理调解。人民调解组织收到委派委托调解的案件后，应当按照《中华人民共和国人民调解法》和《全国人民调解工作规范》要求及时受理调解。经调解达成协议的，人民调解组织可以制作调解协议书，督促双方当事人按约履行，并向人民法院反馈调解结果。双方当事人认为有必要的，可以共同向有管辖权的人民法院申请司法确认。经调解不能达成调解协议的，人民调解组织应当及时办理调解终结手续，将案件材料退回委派委托的人民法院。人民法院接收案件材料后，应当及时登记立案或者恢复审理。对各方当事人同意用书面形式记载的调解过程中没有争议的事实，在诉讼程序中，除涉及国家利益、社会公共利益和他人合法权益的外，当事人无须举证。

四、强化调解工作保障

（一）加强人民调解员队伍建设。注重吸纳律师、公证员、仲裁员、基层法律服务工作者、心理咨询师、医生、教师、专家学者等社会专业人士和退休政法干警以及信访、工会、妇联等部门群众工作经验丰富的退休人员担任人民调解员，不断壮大人民调解员队伍，优化人员结构。大力加强专职人民调解员队伍建设，行业性专业性人民调解委员会应当配备3名以上专职人民调解员，乡镇（街道）人民调解委员会和派驻有关单位和部门的人民调解工作室应当配备2名以上专职人民调解员，有条件的村（社区）和企（事）业单位人民调解委员会可以配备1名以上专职人民调解员。建立青年律师参与人民调解机制，组织青年律师特别是新入职律师到司法所、公共法律服务中心等机构锻炼，充分发挥律师精通法律的专业优势，广泛参与矛盾纠纷排查预防、基层矛盾纠纷化解、行业专业领域矛盾纠纷化解等工作，提升矛盾纠纷化解专业化水平。落实以县级司法行政机关为主的培训制度，采取集中授课、交流研讨、案例评析、现场观摩、旁听庭审、实训演练等灵活多样、生动有效的形式，加强对人民调解员的培训，不断提高人民调解员化解新形势下矛盾纠纷的能力和水平。

（二）加强经费保障。推动落实将人民调解工作指导经费、人民调解委员会补助经费、人民调解员补贴经费、专职人民调解员聘用经费、人民调解办案补贴和专家咨询费等列入同级财政预算足额保障。加强与财政部门沟通协调，建立人民调解工作经费动态增长机制，加大政府购买人民调解服务力度，用足用好中央和省级转移支付资金，补充人民调解工作经费不足。人民调解组织的设立单位和相关行业主管部门应当提供场所、设施等办公条件和必要的工作经费。探索建立相关基金会，鼓励为人民调解组织提供捐赠资助等，多渠道保障人民调解工作有效开展。

（三）强化信息化平台对接。最高人民法院与司法部建立“总对总”对接机制，司法部加快推进矛盾纠纷非诉化解平台建设，实现与最高人民法院的业务协同和数据共享，确保纠纷案件网上流转顺畅，信息数据互通共享。人民调解信息化平台依托司法部矛盾纠纷非诉化解平台，实现与最高人民法院相关系统平台的对接，开展矛盾纠纷在线咨询、在线分流、在线调解、在线反馈、在线司法确认。积极运用大数据、云计算、人工智能等信息化手段，通过信息化平台对接汇聚纠纷数据，实现对矛盾风险的动态感知、精准分析，提高预测预警预防风险的能力，为党委、政府科学研判社会矛盾纠纷形势提供参考依据。

五、加强组织领导

（一）加强协作配合。各级人民法院和司法行政机关要积极争取党委、政府对人民调解工作的重视和支持，推进诉源治理，提高人民调解工作在平安建设考核中的比重。建立民间纠纷成诉情况通报机制和重大矛盾纠纷预警双向通报机制，定期分析辖区矛盾纠纷特点，共同做好纠纷预防化解工作。加强调查研究，共同研究解决工作中遇到的困难和问题。强化工作督导，确保各项工作落实到位。

（二）加强工作指导。司法行政机关要加强对人民调解工作的全面指导，提升人民调解工作规范化水平，建立健全人民调解组织和人民调解员名册，做好依法设立的人民调解组织备案工作，完善人民调解工作考核评价标准，并将考核情况与调解员等级评定、办案补贴挂钩。人民法院要加强对人民调解委员会调解民间纠纷的业务指导，会同司法行政机关做好人民调解宣传推广和业务培训等工作，完善委派委托人民调解和人民调解协议司法确认机制，优化工作流程。

（三）加强宣传表彰。要充分运用传统媒体和网络、微信、微博等新媒体，加大对人民调解工作的宣传力度，不断扩大人民群众对人民调解的知晓度和首选率。广泛宣传人民调解组织和人民调解员的先进事迹，联合发布相关典型案例，讲好“人民调解故事”，为人民调解工作开展营造良好社会环境。采取多种形式，加大对人民调解组织和人民调解员的表彰表扬力度，增强其职业荣誉感和自豪感，激发人民调解员的工作热情。

让矛盾纠纷解决在基层、化解在诉前

——最高人民法院、司法部有关负责人解读《关于充分发挥人民调解基础性作用 推进诉源治理的意见》

2023年9月27日，最高人民法院、司法部印发《关于充分发挥人民调解基础性作用 推进诉源治理的意见》的通知（以下简称《意见》），进一步减轻当事人的诉累和人民法院的办案压力，从源头上减少诉讼增量。如何实现矛盾纠纷前端化解、实质化解？怎样加强诉调对接工作？围绕意见有关内容，最高人民法院、司法部有关负责人进行了解读。

一、如何实现矛盾纠纷前端化解、实质化解

人民调解在矛盾纠纷多元化解机制中发挥着基础性作用。据统计，2022年，通过人民调解方式化解的矛盾纠纷达1494万件，其中人民法院委派委托调解成功675万件；2023年上半年调解矛盾纠纷877万件，其中人民法院委派委托调解成功441万件。通过人民调解，大量矛盾纠纷被解决在基层、化解在诉前。

最高人民法院、司法部有关负责人表示，此次出台的《意见》，着眼于实现矛盾纠纷前端化解、实质化解，坚持预防为主、协调联动，从加强矛盾纠纷排查预防、加强基层矛盾纠纷化解、加强重点领域矛盾纠纷化解、加强重大疑难复杂矛盾纠纷化解四个方面，对夯实人民调解

“第一道防线”提出了具体要求。

比如，加强乡镇（街道）、村（社区）和行业性专业性人民调解组织规范化建设，加大对基层常见多发的矛盾纠纷和重点行业专业领域的矛盾纠纷调解力度。对重大疑难复杂矛盾纠纷，《意见》提出依托现有的公共法律服务中心设立市、县两级“一站式”非诉讼纠纷化解中心（或矛盾纠纷调解中心），统筹各类法律服务资源，联动各类非诉讼纠纷化解方式，形成工作合力等。

二、怎样加强诉调对接工作

最高人民法院、司法部有关负责人表示，意见从规范诉调对接工作出发，对加强诉前引导、及时分流案件、依法受理调解三个方面提出要求。

一是在诉讼服务、法治宣传等工作中提供非诉讼纠纷解决方式指引，适宜通过人民调解解决的，向当事人释明人民调解的特点优势，引导当事人根据人民调解法的规定，向属地或相关人民调解组织申请调解。二是对适宜通过人民调解方式解决的案件，人民法院可以先行在立案前委派或诉中委托人民调解。委派委托的人民调解组织，可以由当事人在司法行政机关公布的人民调解组织名册中选定，也可以由人民法院在特邀调解组织名册中指定。三是对委派委托人民调解的纠纷案件，人民调解组织要按照人民调解法和《全国人民调解工作规范》要求及时受理、开展调解、达成调解协议，并向人民法院反馈调解结果。经调解不能达成调解协议的，人民调解组织应当及时办理调解终结手续，将案件材料退回委派委托的人民法院。

《意见》还提出最高人民法院与司法部建立“总对总”对接机制。目前，最高人民法院建立了人民法院调解平台，并与13家中央单位建立了“总对总”对接机制；司法部建立了覆盖全国的人民调解管理信息系统，20多个省份研发了智能移动调解系统。《意见》提出，司法部加快推进矛盾纠纷非诉化解平台建设，实现与最高人民法院的业务协同和数据共享，确保纠纷案件网上流转顺畅，信息数据互通共享。人民调解信息化平台依托司法部矛盾纠纷非诉化解平台，实现与最高人民法院相关系统平台的对接，开展矛盾纠纷在线咨询、在线分流、在线调解、在线反馈、在线司法确认。

三、如何加强人民调解员队伍建设

统计显示，目前全国有人民调解员317.6万人，但年龄和知识结构不尽合理，专职人民调解员仅占总数的13%，且经费保障不足。

两部门有关负责人表示，《意见》从专业化和职业化两个方面，对优化人民调解员队伍结构提出了要求，并提出建立青年律师参与人民调解机制，组织青年律师特别是新入职律师到司法所、公共法律服务中心等机构锻炼。落实以县级司法行政机关为主的培训制度，采取多种形式，加强对人民调解员的培训，不断提高人民调解员化解新形势下矛盾纠纷的能力和水平。

在经费保障方面，要推动落实将人民调解工作所需经费列入同级财政预算足额保障，建立人民调解工作经费动态增长机制，加大政府购买人民调解服务力度，用足用好中央和省级转移支付资金，补充人民调解工作经费不足。人民调解组织的设立单位和相关行业主管部门应当提供场所、设施等办公条件和必要的工作经费。此外，要探索建立相关基金会，鼓励为人民调解组织提供捐赠资助等，多渠道保障人民调解工作有效开展。

（来源：国务院网站）

地方司法业务文件与解读

北京市高级人民法院　北京市劳动人事争议仲裁委员会

关于印发《北京市高级人民法院、北京市劳动人事争议仲裁委员会关于审理劳动争议案件解答（一）》的通知

2024 年 4 月 30 日　　京高法发〔2024〕534 号

北京市第一、第二、第三、第四中级人民法院，北京金融法院；北京互联网法院，各区人民法院；各区及经济技术开发区劳动人事争议仲裁委员会：

《北京市高级人民法院、北京市劳动人事争议仲裁委员会关于审理劳动争议案件解答（一）》已于 2024 年 3 月 8 日经北京市高级人民法院 2024 年第 9 次审判委员会审议通过，现予印发，请结合工作实际，认真贯彻执行。对于适用中存在的问题，请层报北京市高级人民法院。

特此通知。

北京市高级人民法院　北京市劳动人事争议仲裁委员会

关于审理劳动争议案件解答（一）

为公正、高效处理劳动争议，统一裁判尺度，进一步做好案件服判息诉工作，北京市三级法院从事劳动人事争议审判工作的部分庭长和法官，与北京市、区两级劳动人事争议仲裁委员会从事劳动人事争议仲裁工作的部分领导和仲裁员，根据《中华人民共和国民法典》（以下简称《民法典》）、《中华人民共和国劳动法》（以下简称《劳动法》）、《中华人民共和国劳动合同法》（以下简称《劳动合同法》）、《中华人民共和国民事诉讼法》（以下简称《民事诉讼法》）、《中华人民共和国劳动争议调解仲裁法》（以下简称《调解仲裁法》）、《中华人民共和国劳动合同法实施条例》（以下简称《劳动合同法实施条例》）、《最高人民法院关于审理劳动争议案件适用法律问题的解释（一）》等法律法规、司法解释、相关规定，经广泛深入的讨论，就劳动争议案件审理中的疑难问题作出解答。

同时，《北京市高级人民法院对涉及出租汽车司机的劳动合同及承包合同纠纷案件的处理意见》（京高法发〔2001〕282号，2001年11月6日实施）、《北京市高级人民法院关于审理出租车相关纠纷案件协调会会议纪要》（2002年8月16日实施）、《北京市高级人民法院 北京市劳动争议仲裁委员会关于劳动争议案件法律适用问题研讨会会议纪要》（2009年8月17日实施）、《北京市高级人民法院关于劳动争议案件审理中涉及的社会保险问题研讨会会议纪要》（2009年11月2日实施）、《北京市高级人民法院关于处理涉及出租汽车司机的劳动合同及承包合同纠纷案件的通知》（京高法发〔2013〕426号，2013年12月21日实施）、《北京市高级人民法院 北京市劳动争议仲裁委员会关于劳动争议案件法律适用问题研讨会会议纪要（二）》（京高法发〔2014〕220号，2014年5

月7日实施）、《2014年部分劳动争议法律适用疑难问题研讨会会议纪要》（2015年1月5日实施）、《北京市高级人民法院、北京市劳动人事争议仲裁委员会关于审理劳动争议案件法律适用问题的解答》（京高法发〔2017〕142号，2017年4月24日实施），不再执行。

一、劳动争议案件受理范围与案件管辖

1. 涉社会保险纠纷的受理范围？

用人单位未为劳动者建立社会保险关系、欠缴社会保险费或未按规定的工资基数足额缴纳社会保险费的，劳动者主张予以补缴的，不属于劳动争议案件受理范围，告知劳动者通过劳动行政部门解决。

由于用人单位未按规定为劳动者缴纳社会保险费，导致劳动者不能享受工伤、失业、生育、医疗保险待遇，劳动者要求用人单位赔偿损失或按规定给付相关费用的，应予受理。

用人单位未为农民工缴纳《中华人民共和国社会保险法》实施日之前的养老保险费，农民工在与用人单位终止或解除劳动合同后要求用人单位赔偿损失的，应予受理。

2. 因用人单位迟延转档或将档案丢失，劳动者要求用人单位赔偿损失的纠纷，是否属于劳动争议案件受案范围？

因用人单位迟延转档或将档案丢失，劳动者要求用人单位赔偿损失的纠纷，属于劳动争议案件受理范围，公安机关在特定历史时期接收部分社会人员的档案引发的纠纷除外。

3. 劳动者要求转移户口、归还户口页、终止用人单位与人才中心户口保管合同的纠纷，是否属于劳动争议案件受案范围？

劳动者要求转移户口、归还户口页、终止用人单位与人才中心户口保管合同的纠纷，不属于劳动争议案件受理范围。

4. 劳动者与用人单位因住房公积金的缴纳、办理退休手续发生的争议，是否属于劳动争议案件受案范围？

劳动者与用人单位因住房公积金的缴纳、办理退休手续发生的争议，不属于劳动争议案件受理范围。

5. 劳务派遣单位与用工单位之间基于《劳务派遣协议》而产生的纠纷，是否属于劳动争议案件受案范围?

劳务派遣单位与用工单位基于《劳务派遣协议》而产生的纠纷属于劳动合同以外的其他类型合同纠纷，不属于劳动争议案件受理范围。

6. 在劳动仲裁或诉讼程序中，劳动者依据《劳动合同法》第八十五条的规定，要求用人单位加付赔偿金的，如何处理?

劳动争议仲裁机构或人民法院应当向劳动者释明其应依据《劳动合同法》第八十五条规定先经劳动行政部门处理，劳动者坚持主张用人单位加付赔偿金的，劳动争议仲裁机构不予受理，人民法院应裁定驳回起诉。

劳动者应向劳动争议仲裁机构或人民法院提供已经依法先经劳动行政部门处理的证据，包括提供劳动行政部门责令用人单位限期支付劳动报酬、加班费、经济补偿或低于最低工资标准的差额部分的限期整改证据，以及用人单位逾期不履行上述义务的证据。

劳动行政部门已经责令用人单位加付赔偿金的，由劳动行政部门处理，劳动争议仲裁机构或人民法院不再重复处理。

7. 涉及出租车的劳动合同及承包合同纠纷案件，如何处理?

出租车司机与出租车公司之间以劳动合同、作为劳动合同附件的承包合同为依据提起的诉讼，案由为劳动争议。

出租车司机与出租车公司之间以劳动合同、承包合同为依据提起的诉讼，未经劳动争议仲裁机构处理的，引导当事人先行向劳动争议仲裁机构申请仲裁。

对于劳动争议仲裁机构以出租车司机与出租车公司之间的纠纷属于“承包纠纷”为由出具不予受理通知书，当事人不服向人民法院起诉的，根据《最高人民法院关于审理劳动争议案件适用法律问题的解释

（一）》第六条的规定，应视为劳动争议仲裁机构已作出处理，人民法院应当受理。

对于承包人（司机）将出租车再行向第三人转包所发生的纠纷，可由人民法院按与财产有关的合同纠纷直接立案审理。

8. 用人单位指派劳动者长期在北京市从事业务，劳动者以在北京市某区的居住地作为劳动合同履行地而向该地劳动争议仲裁机构申请仲裁或向基层人民法院起诉的，如何处理？

劳动者因用人单位的指派而长期在北京市从事业务，如其在北京有固定的办公地点，可以视办公地点所在地为劳动合同履行地，如因业务原因没有固定办公地点，则可以视其在北京的居住地为劳动合同履行地。劳动者应当向劳动争议仲裁机构、人民法院提供用人单位指派其长期在北京从事业务的证据，以及其在北京有无固定办公地点和长期居住地点的证据。

二、劳动争议案件裁审衔接

9. 适用一裁终局的劳动争议案件的标准，应如何确定？

根据《调解仲裁法》第四十七条的规定，适用一裁终局的劳动争议案件有两类：一是小额案件，即仅限于追索劳动报酬、工伤医疗费、经济补偿或赔偿金，不超过当事人申请仲裁时当地月最低工资标准十二个月金额的财产争议；二是标准明确的案件，即因执行国家的劳动标准在工作时间、休息休假等方面发生的争议。对于第一类案件，一般应当以仲裁裁决每项裁决结果所确定的数额为标准确定是否属于适用一裁终局的劳动争议案件。对于第二类案件，该类案件一般不涉及具体金额，主要是指因执行国家劳动标准而产生的争议。

10. 人民法院是否可以向劳动争议仲裁机构调阅案卷？

根据审理申请撤销仲裁裁决等案件的实际需要，人民法院可以向作出原裁决的劳动争议仲裁机构调阅案卷，劳动争议仲裁机构应当及时提供案卷。人民法院就上述案件作出的裁定，应当送作出原裁决的劳动争议仲裁机构。

11. 当事人双方不服劳动争议仲裁机构作出的同一仲裁裁决，均向同一人民法院起诉的，当事人的诉讼身份如何列明？

当事人双方不服劳动争议仲裁机构作出的同一仲裁裁决，均向同一人民法院起诉的，双方当事人互为原告和被告，先起诉的一方当事人列为“原告（被告）”，后起诉的一方当事人列为“被告（原告）”。

12.《调解仲裁法》第四十八条和第四十九条涉及的期间的起算如何理解？

《调解仲裁法》第四十八条和第四十九条涉及的期间的起算，应与《民事诉讼法》的有关规定相一致，均从次日起算；《劳动合同法》第十九条所称的“以上”“不满”的界定，应与《民法典》第一千二百五十九条的规定相一致。

13. 劳动者依据《劳动合同法》第三十条第二款和《调解仲裁法》第十六条的规定向人民法院申请支付令的，应符合什么条件？

劳动者依据《劳动合同法》第三十条第二款和《调解仲裁法》第十六条的规定向人民法院申请支付令的，应符合《民事诉讼法》第十七章的规定。

14. 当事人向劳动争议仲裁机构申请仲裁后又撤回申请，向人民法院起诉，如何处理？

当事人申请仲裁后又撤回申请的，人民法院不能视为已经过仲裁前置程序，应告知其先向劳动争议仲裁机构申请仲裁，已经受理的裁定驳回起诉。

对于当事人在撤回申请后，再次向劳动争议仲裁机构申请仲裁，经劳动争议仲裁机构裁决或作出不予受理通知书后，人民法院可以受理。

15. 当事人申请仲裁后，无正当理由拒不到庭或者未经仲裁庭同意中途退庭，劳动争议仲裁机构按照撤回仲裁申请处理，并作出决定书的，当事人起诉到人民法院，如何处理？

当事人再次就同样的仲裁请求提出仲裁申请的，劳动争议仲裁机构应出具不予受理通知书；当事人持该不予受理通知书起诉到人民法院，人民法院经审查符合劳动争议受理条件的，可以受理。

16. 仲裁裁决作出后当事人未起诉，或裁决有多项内容，当事人仅就部分内容提起诉讼的，如何处理？

仲裁裁决作出后当事人未在法定期限内起诉，或仅就部分内容提起诉讼，人民法院只需审理当事人在法定期限内起诉的请求，保持当事人诉讼请求与审理内容的一致性。

人民法院对于案件事实的审理不受当事人诉讼请求的限制，人民法院应当结合证据对事实进行综合判断和认定。

17. 在仲裁程序中，证人出庭作证并接受质询，诉讼中证人是否仍需出庭？

证人可不再出庭，但仍有需要质询的事实或当事人又提供反证的除外。

18. 仲裁程序中当事人已经认可的相关案件事实，在诉讼程序中当事人又否认的，如何处理？

在诉讼程序中，除经对方当事人同意，或者有充分证据证明与事实不符的，对当事人否认在仲裁程序中所认可事实的主张不予支持。

19. 对于劳动争议仲裁申请人依法提出的仲裁请求，仲裁裁决书遗漏未予处理，当事人起诉至人民法院的如何处理？

人民法院应当予以审理，不得以相应请求未经仲裁前置程序为由不予处理。

20. 劳动争议案件一审判决主文应如何表述？

（1）对双方当事人均未起诉的仲裁结果部分，一般应在判决“本院认为”的理由部分中表示予以确认，并可直接写入一审判决主文。

（2）仲裁结果为给付金钱，当事人不服起诉，一审人民法院认定不应给付金钱，判决主文表述为“无须支付”；一审人民法院认定应当给付金钱，则将给付金钱内容写入判决主文，不应写驳回当事人的请求；一审人民法院认定应当给付金钱但具体数额应调整，则在一审判决主文中写明经调整后需给付金钱的数额。

（3）仲裁结果未支持当事人某项请求，当事人不服起诉，一审人民法院认为应当支持该项请求，可直接写入一审判决主文；一审人民法院认为不应支持该项请求，应当判决驳回当事人该项请求。

三、劳动关系及责任主体的认定

21. 在认定用人单位与劳动者之间具有劳动关系时，应考虑何种因素？

在认定用人单位与劳动者之间具有劳动关系时，可考虑下列因素：（1）用人单位和劳动者符合法律、法规规定的主体资格；（2）用人单位依法制定的各项规章制度适用于劳动者，劳动者受用人单位的劳动管理，从事用人单位安排的有报酬的劳动；（3）劳动者提供的劳动是用人单位工作的组成部分。

对于以自己的技能、知识或设施为用人单位提供劳动或服务，自行承担经营风险，与用人单位没有身份隶属关系，一般不受用人单位的管理或支配的人员，应认定其与用人单位之间的关系不属于劳动关系。

22. 用人单位和劳动者长期两不找的，如何认定权利义务？

劳动者长期未向用人单位提供劳动，用人单位也长期不再向劳动者支付劳动报酬等相关待遇，双方长期两不找的，可以认定此期间双方不享有和承担劳动法上的权利义务。

23. 外国人、无国籍人、港澳台地区居民未依法办理《外国人就业证》《台港澳人员就业证》与用人单位签订劳动合同的，如何处理？

港澳台地区居民未依法办理《台港澳人员就业证》与用人单位于2018年7月28日以前的用工关系并非劳动关系，签订的劳动合同无效；

于 2018 年 7 月 28 日后（含当日）的用工关系，可以认定为劳动关系。

外国人、无国籍人、港澳台地区居民与用人单位虽非劳动关系，但已经付出劳动的，由用人单位参照合同约定支付劳动报酬。

24. 外国企业常驻代表机构未通过涉外就业服务单位直接招用中国雇员的，应如何认定法律关系？

外国企业常驻代表机构未通过涉外就业服务单位直接招用中国雇员的，应认定有关用工关系为劳务关系。

25. 企业停薪留职人员、未达到法定退休年龄的内退人员、下岗待岗人员以及企业经营性停产放长假人员在退休之前与新用人单位建立用工关系的，如何处理？

企业停薪留职人员、未达到法定退休年龄的内退人员、下岗待岗人员以及企业经营性停产放长假人员在退休之前与新用人单位建立用工关系，应按劳动关系处理，但对于新用人单位因客观原因不能为其缴纳社会保险费，该劳动者以此为由提出解除劳动合同并要求经济补偿的，不予支持。

26. 企业停薪留职人员、未达到法定退休年龄的内退人员、下岗待岗人员以及企业经营性停产放长假人员在退休之前与新用人单位建立用工关系的，其与原用人单位的关系如何认定？

企业停薪留职人员、未达到法定退休年龄的内退人员、下岗待岗人员以及企业经营性停产放长假人员在退休之前与新用人单位建立用工关系的，一般情况下可以认定原用人单位与其保持劳动关系，相关待遇依双方的约定。双方未约定或约定不明的，考虑国家法律法规和政策、同行业同类型劳动者保护标准，从保护劳动者的基本利益和用人单位现实情况进行综合判断。

27. 用人单位自动歇业、视为自动歇业、被撤销或吊销营业执照，如何确定当事人？

用人单位自动歇业、视为自动歇业、被撤销、被吊销营业执照应列该用人单位为当事人。如用人单位成立清算组清理债权债务的，由清算组负责人代表用人单位参加仲裁或诉讼；尚未成立清算组的，由原法定代表人代表用人单位参加仲裁或诉讼。清算组负责人或原法定代表人可以委托诉讼代理人参加仲裁或诉讼。

28. 劳动者向未办理营业执照、被吊销营业执照或者营业期限届满仍继续经营的用人单位提供劳动，如何处理？

劳动者向未办理营业执照、被吊销营业执照或者营业期限届满仍继续经营的用人单位提供劳动，劳动者可以依照《劳动合同法》的规定向用人单位主张权利，用人单位不存在或者无力承担责任时，出资人应当依法承担相应责任。

出资人的诉讼地位列为被告。如果出资人有多个，应当全部追加。

出借营业执照的，出借方对借用方招聘的劳动者可以比照前款处理。

29. 涉及建筑工程的用工关系中，包工头能否主张工人劳务费、工资、劳动报酬？

包工头与发包单位之间存在承包合同关系，可另行依据合同追索承包费用，其以存在劳动关系为由，提起仲裁或诉讼要求支付劳务费、工资、劳动报酬的，不予支持。

30. 《最高人民法院关于审理工伤保险行政案件若干问题的规定》（法释〔2014〕9号）第三条第一款第四项中“用工单位”“不具备用工主体资格的组织或者自然人”，第五项中“被挂靠单位”“个人”与“因工伤亡职工（人员）”之间产生争议，如何处理？

“用工单位”“被挂靠单位”与“因工伤亡职工（人员）”之间不是劳动关系或雇佣关系。“用工单位”“被挂靠单位”仅是承担工伤保险责任的单位。

“不具备用工主体资格的组织或者自然人”“个人”与“因工伤亡职工（人员）”之间不是劳动关系，而是雇佣关系。

社会保险行政部门以“用工单位”“被挂靠单位”与“因工伤亡职

工（人员）”之间无劳动关系为由，作出不予受理工伤认定申请或者决定不予认定工伤产生的纠纷，属于行政争议。

承担工伤保险责任的单位承担赔偿责任或者社会保险经办机构从工伤保险基金支付工伤保险待遇后，向“不具备用工主体资格的组织或者自然人”“个人”追偿产生的纠纷，不属于劳动争议。

31. 发包单位将业务发包给有用人主体资格的用人单位（包括有用人主体资格的组织、个体经营者），从事该发包业务的劳动者与上述主体发生争议的，如何处理？

应当认定劳动者与承包的有用人主体资格的用人单位存在劳动关系，但发包单位与劳动者存在劳动关系的除外。

32. 劳动者与用人单位签订劳动合同后，被该用人单位派往其他单位工作，发生争议时如何处理？

劳动者虽在被派往单位工作，应认定其与签订劳动合同的用人单位存在劳动关系。可根据案件审理情况，追加实际用人单位或用工单位参加仲裁或诉讼。

33. 因工死亡职工的亲属能否要求确认劳动关系？

因工死亡职工的亲属可以要求确认劳动者与用人单位之间存在劳动关系，因工死亡职工的亲属的范围包括该职工的配偶、父母、子女、兄弟姐妹、祖父母、外祖父母、孙子女、外孙子女和其他具有扶养、赡养关系的亲属，因工死亡职工的亲属中任何一人均可作为仲裁申请人或诉讼原告。

34. 村民委员会、居民委员会成员与村民委员会、居民委员会组织之间是否属于劳动关系？

依照《中华人民共和国村民委员会组织法》和《中华人民共和国城市居民委员会组织法》的规定，村民委员会和居民委员会成员（主任、副主任和委员）依法由选举产生，其与该组织之间不属于劳动关系。

35. 在校学生在用人单位进行实习，是否应认定劳动关系？

在校学生在用人单位进行实习，应当根据具体事实进行判断，对完成学校的社会实习安排或自行从事社会实践活动的实习，不认定劳动关系。但用人单位与在校学生之间名为实习，实为劳动关系的除外。

36. 破产管理人与其聘用人员之间是否属于劳动关系？

破产管理人作为人民法院指定的管理人，不属于用人单位，不能作为用工主体与其聘用人员建立劳动关系，应按劳务关系处理。

37. 破产期间，用人单位与继续从事工作的劳动者之间的法律关系如何认定？

在被宣告破产前的破产期间，用人单位与劳动者未解除、终止劳动关系，且劳动者继续在用人单位从事相关工作的，符合劳动关系认定条件的，按劳动关系处理，双方另有约定的或破产管理人与劳动者建立劳务关系的除外。

在被宣告破产后，用人单位与劳动者之间的法律关系依据《劳动合同法》第四十四条第四项规定认定。

38. 有关联关系的用人单位交叉轮换使用劳动者，根据现有证据难以查明劳动者实际工作状况的，如何处理？

有关联关系的用人单位交叉轮换使用劳动者的，根据现有证据难以查明劳动者实际工作状况的，参照以下原则处理：（1）订立劳动合同的，按劳动合同确认劳动关系；（2）未订立劳动合同的，可以根据审判需要将有关联关系的用人单位列为当事人，以有关联关系的用人单位发放工资、缴纳社会保险、工作地点、工作内容，作为判断存在劳动关系的因素；（3）在有关联关系的用人单位交叉轮换使用劳动者，工作内容交叉重叠的情况下，对劳动者涉及给付内容的主张，可根据劳动者的主张，由一家用人单位承担责任，或由多家用人单位依法律规定或者当事人约定承担连带责任。

39. 农民专业合作社与其聘用参与日常生产经营活动的社员产生争

议，如何认定？

结合农民合作社的生产经营性质和用工特点等因素，区分情况予以严格判定。对符合《劳动和社会保障部关于确立劳动关系有关事项的通知》规定精神的，应依法确认参与农民合作社日常生产经营活动的社员与该合作社存在劳动关系。

四、劳动合同的订立

40. 劳动合同期满后未订立劳动合同，劳动者仍在原用人单位继续工作，如何处理？

劳动合同期满后未订立劳动合同，劳动者仍在原用人单位继续工作，应适用《劳动合同法》第十条、第十四条第三款、第八十二条，《劳动合同法实施条例》第六条、第七条的规定进行处理。在此情况下，因为用人单位对原劳动合同期满和继续用工的法律后果均有预期，因此不需要再给予一个月的宽限期，原劳动合同期满次日，即是用人单位应当订立劳动合同之日和承担未订立劳动合同的法律后果之日。两倍工资的计算基数应以相对应的月份的应得工资为准。

劳动合同期满后仍继续工作，经用人单位通知，劳动者不续签劳动合同的，用人单位可适用《劳动合同法实施条例》第六条规定终止劳动关系。

41.《劳动合同法》第八十二条“二倍工资”的认定与起止时间、计算方法、仲裁时效的适用？

（1）依据《劳动合同法》第十条、第八十二条第一款规定，用人单位自用工之日起超过一个月不满一年未与劳动者订立书面劳动合同的，自用工之日满一个月的次日起开始计算二倍工资，截止点为双方订立书面劳动合同的前一日，最长不超过十一个月。

（2）依据《劳动合同法》第十四条第三款规定，用人单位自用工之日满一年不与劳动者订立书面劳动合同，视为用人单位与劳动者已订立无固定期限劳动合同的情况下，劳动者可以向劳动争议仲裁机构、人民法院主张确认其与用人单位之间属于无固定期限劳动合同关系。在此情况下，劳动者同时主张用人单位支付用工之日满一年后的二倍工资的不予支持。

劳动者未主张确认无固定期限劳动合同关系，只主张支付用工之日满一年后的二倍工资，对二倍工资中增加一倍的部分不予支持。

（3）如果劳动合同期满后，劳动者仍在用人单位工作，用人单位未与劳动者订立书面劳动合同的，计算二倍工资的起算点为自劳动合同期满的次日，截止点为双方补订书面劳动合同的前一日，最长不超过十二个月。

（4）用人单位违反《劳动合同法》第十四条第二款、第八十二条第二款规定，不与劳动者订立无固定期限劳动合同的，二倍工资自应订立无固定期限劳动合同之日起算，截止点为双方实际订立无固定期限劳动合同的前一日，不受支付十二个月二倍工资上限限制。

（5）二倍工资按未订立劳动合同所对应时间，用人单位应当正常支付的工资为标准计算。

二倍工资中属于劳动者正常工作时间劳动报酬的部分，仲裁时效适用《调解仲裁法》第二十七条第四款的规定。

二倍工资中增加一倍的工资属于惩罚性赔偿的部分，不属于劳动报酬，仲裁时效适用《调解仲裁法》第二十七条第一款的规定。增加一倍部分的仲裁时效，可自劳动者主张权利之日起向前一年按日计算，据此实际给付的二倍工资不超过十二个月，但有证据证明没有超过仲裁时效期间的除外。

仲裁时效抗辩应由用人单位提出，人民法院不应主动适用仲裁时效。

42. 用人单位与劳动者补签劳动合同，劳动者主张未订立劳动合同二倍工资可否支持？

用人单位与劳动者建立劳动关系后，未依法自用工之日一个月内订立书面劳动合同，在劳动关系存续一定时间后，用人单位与劳动者在签订劳动合同时将日期补签到实际用工之日，视为用人单位与劳动者达成合意，劳动者主张二倍工资可不予支持，但劳动者有证据证明补签劳动合同并非其真实意思表示的除外。

用人单位与劳动者虽然补签劳动合同，但未补签到实际用工之日的，对实际用工之日与补签之日间相差的时间，依法扣除一个月订立书面劳动合同的宽限期，劳动者主张未订立劳动合同二倍工资的可以支持。

43. 存在劳动者患病或者非因工负伤在规定的医疗期内，女职工在孕期、产期、哺乳期期间等《劳动合同法》第四十二条规定的情形，劳动合同期满时，用人单位未与劳动者续订劳动合同，是否认定为未订立劳动合同而支付二倍工资？

劳动合同期满，有《劳动合同法》第四十二条规定的情形的，劳动合同应当续延至相应的情形消失时终止，故在续延期间用人单位与劳动者无须订立书面劳动合同，故不应支付二倍工资。

44. 用人单位法定代表人、高管人员、人事管理部门负责人或主管人员未与用人单位订立书面劳动合同并依据《劳动合同法》第八十二条规定向用人单位主张二倍工资的，应否支持？

用人单位法定代表人依据《劳动合同法》第八十二条规定向用人单位主张二倍工资的，一般不予支持。

用人单位高管人员依据《劳动合同法》第八十二条规定向用人单位主张二倍工资的，可予支持，但用人单位能够证明该高管人员职责范围包括管理订立劳动合同内容的除外。对有证据证明高管人员向用人单位提出签订劳动合同而被拒绝的，仍可支持高管人员的二倍工资请求。

用人单位的人事管理部门负责人或主管人员依据《劳动合同法》

第八十二条规定向用人单位主张二倍工资的，如用人单位能够证明订立劳动合同属于该人事管理部门负责人的工作职责，可不予支持。有证据证明人事管理部门负责人或主管人员向用人单位提出签订劳动合同，而用人单位予以拒绝的除外。

45. 用人单位与劳动者约定劳动合同到期续延，在劳动合同到期后劳动者继续工作，并主张未签订劳动合同的二倍工资是否支持？

因用人单位与劳动者在劳动合同中已经约定劳动合同到期续延，但未约定续延期限，在劳动合同到期后，劳动者仍继续工作，双方均未提出解除或终止劳动合同时，属于双方意思表示一致续延劳动合同，可视为双方订立一份与原劳动合同内容和期限相同的合同，故劳动者主张未签订劳动合同的二倍工资不应支持。

46. 用人单位与劳动者约定劳动合同到期续延，此后劳动者以连续订立两次固定期限劳动合同为由，提出或者同意续订、订立无固定期限劳动合同，如何处理？

用人单位与劳动者约定劳动合同到期续延，且实际续延劳动合同的，合同约定了续延期限的，续延期限届满时，劳动者以连续订立两次固定期限劳动合同为由，提出或者同意续订、订立无固定期限劳动合同，用人单位应当与劳动者订立无固定期限劳动合同。用人单位不与劳动者订立无固定期限劳动合同的，可以依劳动者的主张确认存在无固定期限劳动合同关系。

47. 用人单位与劳动者连续订立二次固定期限劳动合同的，第二次固定期限劳动合同到期时，用人单位能否终止劳动合同？

根据《劳动合同法》第十四条第二款第三项规定，劳动者有权选择订立固定期限劳动合同或者终止劳动合同，用人单位无权选择订立固定期限劳动合同或者终止劳动合同。上述情形下，劳动者提出或者同意续订、订立无固定期限劳动合同，用人单位应当与劳动者订立无固定期限劳动合同。

48. 用人单位与劳动者连续订立二次固定期限劳动合同后，劳动者与用人单位再次订立固定期限劳动合同的，最后一次固定期限劳动合同到期时，用人单位是否可以终止劳动合同？

在用人单位与劳动者连续订立二次固定期限劳动合同后，劳动者与用人单位再次订立固定期限劳动合同的，适用《劳动合同法》第十四条规定。在最后一次固定期限劳动合同到期时，应认定符合连续订立二次固定期限劳动合同的条件，排除法定情形外，劳动者提出或者同意续订、订立无固定期限劳动合同，用人单位应当与劳动者订立无固定期限劳动合同。

49. 劳动者要求劳动争议仲裁机构裁决或人民法院判决与用人单位签订书面劳动合同的，如何处理？

订立书面劳动合同需要当事人意思表示一致，由劳动者与用人单位平等协商，以确定合同期限、工作内容、劳动报酬等事项。经劳动者与用人单位协商，双方就劳动合同必要条款能够达成一致的，可以裁判双方订立书面劳动合同，并在裁判文书中就达成一致的条款予以表述。

双方就劳动合同必要条款不能达成一致的，由劳动争议仲裁机构裁决或人民法院直接判令双方订立书面劳动合同有违当事人意思自治原则，亦无法确定具体执行内容和申请强制执行。故在此情况下，劳动者要求与用人单位订立书面劳动合同的，劳动争议仲裁机构、人民法院可释明当事人变更请求，主张确认双方存在劳动关系。

因可归责于用人单位的原因导致无法订立书面劳动合同的，劳动者可另行依法主张用人单位承担未订立书面劳动合同的法律责任。

50. 对用人单位存在规避签订无固定期限劳动合同和连续计算工作年限的情况，如何处理？

用人单位存在规避《劳动合同法》第十四条规定的下列行为，劳动者订立固定期限劳动合同的次数和工作年限仍应连续计算：

（1）为减少计算劳动者的工作年限，迫使劳动者与其解除或终止劳动合同后重新与其签订劳动合同的；

（2）利用关联用人单位与劳动者交替变换签订劳动合同的；

（3）仅就劳动合同的终止期限进行变更，用人单位无法做出合理解释的；

（4）采取注销原单位、设立新单位的方式，将劳动者重新招用到新单位，且单位经营内容与劳动者的工作地点、工作内容均没有实质性变化的；

（5）其他明显违反诚信和公平原则的规避行为。

51. 劳动者与用人单位实际建立了全日制劳动关系，但双方订立的是非全日制劳动合同，用人单位是否需要向劳动者支付未订立劳动合同二倍工资差额？

劳动者已经与用人单位订立合同的情况下，劳动者主张未订立劳动合同二倍工资差额不予支持。在审理中注意全日制劳动关系与非全日制劳动关系的区分，充分保障劳动者实际权利。

52. 劳动者依照《劳动合同法》规定符合与用人单位签订无固定期限劳动合同条件，但已与用人单位签订了固定期限劳动合同的，现劳动者要求将其固定期限合同变更为无固定期限合同的，如何处理？

劳动者与用人单位签订了固定期限劳动合同后，劳动者要求变更为无固定期限劳动合同的，不予支持，但有证据证明用人单位存在欺诈、胁迫、乘人之危等情形的除外。

五、劳动合同的履行和变更

53. 劳动者与用人单位因劳动报酬问题产生争议时，举证责任如何分配？

用人单位应当按照工资支付周期编制工资支付记录表，并至少保存二年备查，涉及农民工工资支付的，应当至少保存三年。劳动者与用人单位因劳动报酬问题产生争议时，在上述保存期间内，由用人单位承担举证责任。超出这一期间的则应适用“谁主张，谁举证”的证明责任分配规则。

“两年”或“三年”从劳动者申请仲裁之日起往前推算。

54. 工资结算支付周期届满后，用人单位最迟应当在何时向劳动者支付工资？

工资结算支付周期届满后，除《北京市工资支付规定》第二十六条规定的情形外，用人单位应当在与劳动者约定的日期内支付工资，最迟不应超过约定支付日期的七天。

55. 用人单位给付劳动者的工资标准计算基数按哪些原则确定？

（1）劳动者每月应得工资与实得工资的主要差别在于各类扣款和费用，应得工资包括个人应当承担的社会保险费、税款等。对于社会保险费、税款，用人单位承担的仅是代缴义务，劳动者的纳税由税务机关负责，社会保险费缴纳由社会保险机构负责，审理中一般按照劳动者应得工资确定工资标准。

（2）用人单位与劳动者在劳动合同中约定了工资标准的，以该约定为准。劳动合同没有约定的，按照集体合同约定的工资标准确定。劳动合同、集体合同均未约定的，按照劳动者本人正常劳动实际发放的工资标准确定。依照本条规定确定的工资标准不得低于本市规定的最低工资标准。

（3）计算“二倍工资”的工资标准时，因基本工资、岗位工资、职务工资、工龄工资、级别工资等按月支付的工资组成项目具有连续性、稳定性特征，金额相对固定，属于劳动者正常劳动的应得工资，应作为未订立劳动合同二倍工资差额的计算基数，不固定发放的提成工资、奖金等一般不作为未订立劳动合同二倍工资差额的计算基数。

（4）《劳动合同法》第四十七条规定的计算经济补偿的月工资标准应依照《劳动合同法实施条例》第二十七条规定予以确定；《劳动合同法实施条例》第二十七条中的“应得工资”包含由个人缴纳的社会保

险费和住房公积金以及所得税。在计算劳动者解除或终止劳动合同前十二个月平均工资时，应当包括计时工资或者计件工资以及奖金、津贴和补贴等货币性收入。其中包括正常工作时间的工资，还包括劳动者的加班费。劳动者应得的年终奖或年终双薪，计入工资基数时应按每年十二个月平均分摊。

（5）劳动者所得实际工资扣除该月加班费后的数额低于本市规定的最低工资标准的，按照本市规定的最低工资标准执行。

56. 劳动者主张存在加班事实如何认定？

经双方确认的考勤记录可以作为认定是否存在加班事实的依据。劳动者未能提供加班事实的依据，仅凭电子打卡记录要求认定存在加班事实的，一般不予支持。

用人单位因工作性质和生产特点不能实行标准工时制度的，应保证劳动者每天工作时间不超过八小时、每周工作时间不超过四十小时，每周至少休息一天，职工少休息的一天，不应视为加班。

下列情形中，劳动者要求用人单位支付加班工资的，一般不予支持：（1）用人单位因安全、消防、节假日等需要，安排劳动者从事与本职工作无关的值班任务；（2）用人单位安排劳动者从事与其本职工作有关的值班任务，但值班期间可以休息的。

在上述情况下，劳动者可以要求用人单位按照劳动合同、规章制度、集体合同等支付相应待遇。

出租车行业实行不定时工作制，休息、休假由出租车司机自行安排，故对出租车司机主张休息日和法定节假日加班费的不予支持。

57. 劳动者加班费计算基数，应当按照法定工作时间内劳动者提供正常劳动应得工资确定，劳动者每月加班费不计到下月加班费计算基数中。具体情况如下：

（1）用人单位与劳动者在劳动合同中约定了加班费计算基数的，以该约定为准；双方同时又约定以本市规定的最低工资标准或低于劳动合同约定的工资标准作为加班费计算基数，劳动者主张以劳动合同约定的工资标准作为加班费计算基数的，应予支持。

（2）劳动者正常提供劳动的情况下，双方实际发放的工资标准高于原约定工资标准的，可以视为双方变更了合同约定的工资标准，以实际发放的工资标准作为计算加班费计算基数。实际发放的工资标准低于合同约定的工资标准，能够认定为双方变更了合同约定的工资标准的，以实际发放的工资标准作为计算加班费的计算基数。

（3）劳动合同没有明确约定工资数额，或者合同约定不明确时，应当以实际发放的工资作为计算基数。用人单位按月直接支付给职工的工资、奖金、津贴、补贴等都属于实际发放的工资，具体包括《国家统计局关于工资总额组成的规定若干具体范围的解释》中规定“工资总额”的几个组成部分。加班费计算基数应包括“基本工资”“岗位津贴”等所有工资项目。不能以“基本工资”“岗位工资”或“职务工资”单独一项作为计算基数。在以实际发放的工资作为加班费计算基数时，加班费（前月）、伙食补助等应当扣除，不能列入计算基数范围。国家相关部门对工资组成规定有调整的，按调整的规定执行。

（4）劳动者的当月奖金具有“劳动者正常工作时间工资报酬”性质的，属于工资组成部分。劳动者的当月工资与当月奖金发放日期不一致的，应将这两部分合计作为加班费计算基数。用人单位不按月、按季发放的奖金，根据实际情况判断可以不作为加班费计算基数。

（5）在确定职工日平均工资和小时平均工资时，应当按照原劳动和社会保障部《关于职工全年月平均工作时间和工资折算问题的通知》规定，以每月工作时间为 21. 75 天和 174 小时进行折算。

（6）实行综合计算工时工作制的用人单位，当综合计算周期为季度或年度时，应将综合周期内的月平均工资作为加班费计算基数。

58. 用人单位支付劳动者的工资是否包含加班工资应如何认定？

用人单位与劳动者虽然未书面约定实际支付的工资是否包含加班工资，但用人单位有证据证明已支付的工资包含正常工作时间工资和加班工资的，可以认定用人单位已支付的工资包含加班工资。但折算后的正常工作时间工资不得低于当地最低工资标准。

59. 用人单位调整劳动者工作岗位的，如何处理？

用人单位与劳动者约定可根据生产经营情况调整劳动者工作岗位的，经审查用人单位证明生产经营情况已经发生变化，调岗属于合理范畴，应支持用人单位调整劳动者工作岗位。

用人单位与劳动者在劳动合同中未约定工作岗位或约定不明的，用人单位有正当理由，根据生产经营需要，合理地调整劳动者工作岗位属于用人单位自主用工行为。判断合理性应参考以下因素：用人单位经营必要性、目的正当性，调整后的岗位为劳动者所能胜任、工资待遇等劳动条件无不利变更。

用人单位与劳动者签订的劳动合同中明确约定工作岗位但未约定如何调岗的，在不符合《劳动合同法》第四十条所列情形时，用人单位自行调整劳动者工作岗位的属于违约行为，给劳动者造成损失的，用人单位应予以赔偿，参照原岗位工资标准补发差额。对于劳动者主张恢复原工作岗位的，根据实际情况进行处理。经审查难以恢复原工作岗位的，可释明劳动者另行主张权利，释明后劳动者仍坚持要求恢复原工作岗位，可驳回请求。

用人单位在调整岗位的同时调整工资，劳动者接受调整岗位但不接受同时调整工资的，由用人单位说明调整理由。应根据用人单位实际情况、劳动者调整后的工作岗位性质、双方合同约定等内容综合判断是否侵犯劳动者合法权益。

60. 用人单位与劳动者在劳动合同中宽泛地约定工作地点是“全国”“北京”等，用人单位在履行劳动合同过程中调整劳动者的工作地点，劳动者不同意，用人单位依据规章制度作出解除劳动合同决定是否支持？

用人单位与劳动者在劳动合同中宽泛地约定工作地点是“全国”“北京”等，如无对用人单位经营模式、劳动者工作岗位特性等特别提示，属于对工作地点约定不明。劳动者在签订劳动合同后，已经在实际履行地点工作的，视为双方确定具体的工作地点。用人单位不得仅以工作地点约定为“全国”“北京”为由，无正当理由变更劳动者的工作地点。

用人单位与劳动者在劳动合同中明确约定用人单位可以单方变更工作地点的，仍应对工作地点的变更进行合理性审查。具体审查时，除考虑对劳动者的生活影响外，还应考虑用人单位是否采取了合理的弥补措施（如提供交通补助、班车）等。

61. 劳动者按变更后的工作地点实际履行合同，又以未采用书面形式为由主张劳动合同变更无效的是否支持？

劳动者已经按变更后的工作地点实际履行合同，又以未采用书面形式为由主张劳动合同变更无效的，适用《最高人民法院关于审理劳动争议案件适用法律问题的解释（一）》第四十三条的规定处理。

62. 如何计算劳动者享受带薪年休假的时间？

《职工带薪年休假条例》第三条规定：“职工累计已满1年不满10年的，年休假5天；已满10年不满20年的，年休假10天；已满20年的，年休假15天。”其中，“累计”应指工作时间的相加，中断工作时间予以扣除。对于参加工作第一年的时间的“累计”，应按《企业职工带薪年休假实施办法》“连续工作满12个月”的规定执行。“连续工作满12个月”，指劳动者在参加工作后曾经在同一或两个以上用人单位连续不中断工作满十二个月。

劳动者在符合参加工作后曾经“连续工作满12个月”条件后，此后年休假时间以当年度在用人单位已工作时间计算。

用人单位未安排职工休满应休年休假的，应当按照职工当年已工作时间折算应休未休年休假天数并支付未休年休假工资报酬，但折算后不足1整天的部分不支付未休年休假工资报酬。未休年休假折算方法为：当年度在本单位已过日历天数÷365天×职工本人全年应当享受的年休假天数–当年度已安排年休假天数。

63. 用人单位在《劳动合同法》实施前制定的规章制度的效力如何认定？

用人单位在《劳动合同法》实施前制定的规章制度，虽未经过《劳动合同法》第四条第二款规定的民主程序，但内容未违反法律、行政法规及政策规定，并已向劳动者公示或告知的，可以作为用人单位用工管理的依据。

64. 用人单位与劳动者在劳动合同或保密协议中约定了竞业限制条款，用人单位如在此后认为劳动者不必履行竞业限制约定的，应如何处理？

用人单位与劳动者在劳动合同或保密协议中约定了竞业限制条款，用人单位如在此后认为劳动者不必履行竞业限制约定的，应当明确告知劳动者。劳动者在用人单位告知前已按约定履行了义务，因此要求用人单位支付履行期间经济补偿的，应予支持。

65. 用人单位与劳动者在劳动合同或保密协议中约定了竞业限制条款，但未就补偿费的给付或具体给付标准进行约定，应如何处理？

用人单位与劳动者在劳动合同或保密协议中约定了竞业限制条款，但未就补偿费的给付或具体给付标准进行约定，不应据此认定竞业限制条款无效，双方在劳动关系存续期间或在解除、终止劳动合同时，可以通过协商予以补救，经协商不能达成一致的，可按照双方劳动合同解除或终止前十二个月平均工资的30%确定补偿费数额，但不得低于劳动合同履行地最低工资标准。用人单位明确表示不支付补偿费的，竞业限制条款对劳动者不具有约束力。

劳动者与用人单位未约定竞业限制期限的，应由双方协商确定，经协商不能达成一致的，限制期最长不得超过两年。

六、劳动合同的解除和终止

66.《劳动合同法》施行之日存续的劳动合同，在《劳动合同法》施行后解除或者终止，经济补偿应如何计算?

《劳动合同法》施行之日存续的劳动合同，在《劳动合同法》施行后解除或者终止，依照《劳动合同法》第四十六的规定应当支付经济补偿的，2007 年 12 月 31 日前的经济补偿依照《劳动法》及其配套规定计算，2008 年 1 月 1 日后的经济补偿依照《劳动合同法》的规定计算。

经济补偿的基数为劳动者在劳动合同解除或者终止前十二个月的平均工资，不再分段计算。

根据《劳动合同法》第四十七条、第八十七条、《劳动合同法实施条例》第二十五条的规定，用人单位违反劳动合同法的规定解除或终止劳动合同，应支付的赔偿金的计算方法为：自用工之日起依照《劳动合同法》第四十七条的规定计算出经济补偿，再乘以 2，即为赔偿金，不再分段计算。

用人单位违反《劳动合同法》的有关规定，需向劳动者每月支付二倍工资的，其加付的一倍工资不应计入经济补偿和赔偿金的计算基数。

67. 用人单位未提前三十日通知劳动者劳动合同到期终止，劳动者要求用人单位支付赔偿金的如何处理?

用人单位未提前三十日通知劳动者劳动合同到期终止，劳动者要求用人单位按照《劳动合同法》第八十七条规定支付赔偿金的，不予支持；劳动者与用人单位按照《北京市劳动合同规定》第四十七条规定，已约定“每延迟一日支付一日工资赔偿金”，劳动者要求用人单位支付赔偿金的，应予支持。

68. 用人单位与劳动者解除或终止劳动合同时，自愿签订的和解协议效力如何认定？

用人单位与劳动者解除或终止劳动合同时，自愿签订的和解协议，不违反法律和行政法规的强制性规定，在履行完毕后，一方当事人反悔，主张双方约定无效的，一般不予支持。但协议中双方的权利义务明显失衡，劳动争议仲裁机构或人民法院可予以适当调整。

用人单位与劳动者就工伤保险待遇达成的协议在履行完毕后，劳动者以双方约定的给付标准低于法定标准为由，在仲裁时效内要求用人单位按法定标准补足差额部分的，应予支持。

69. 女职工在未知自己怀孕的情况下与用人单位协商解除劳动合同后，又要求撤销解除协议或者要求继续履行原合同的，如何处理？

女职工与用人单位协商解除劳动合同后，发现自己怀孕后又要求撤销协议或者要求继续履行原合同的，一般不予支持。

70. 劳动者未按规定提前三十天（在试用期内提前三天）通知用人单位解除劳动合同即自行离职，或虽然履行通知义务，但有未履行的相关义务，给用人单位造成损失的，应否赔偿？

劳动者未提前三十天（在试用期内提前三天）通知用人单位解除劳动合同，自行离职，或虽然履行通知义务，但有未履行的相关义务，如其应当履行的办理工作交接等义务，给用人单位造成直接经济损失的，应当承担相应的赔偿责任，对所造成的经济损失，用人单位负有举证责任。

71. 劳动者以用人单位未依法为其缴纳社会保险为由提出解除劳动合同，要求用人单位支付经济补偿的，如何处理？

劳动者提出解除劳动合同前一年内，存在因用人单位过错未为劳动者建立社保账户或虽建立了社保账户但缴纳险种不全情形的，劳动者依据《劳动合同法》第三十八条的规定以用人单位未依法为其缴纳社会保险为由提出解除劳动合同并主张经济补偿的，一般应予支持。用人单位与劳动者在2008年1月1日之前建立劳动关系的，经济补偿支付年限应从2008年1月1日起开始计算。

用人单位已为劳动者建立社保账户且险种齐全，但存在缴纳年限不足、缴费基数低等问题的，劳动者的社保权益可通过用人单位补缴或社保管理部门强制征缴的方式实现，在此情形下，劳动者以此为由主张解除劳动合同经济补偿的，一般不予支持。

72. 劳动者要求用人单位不缴纳社会保险，后又以用人单位未缴纳社会保险为由提出解除劳动合同并主张经济补偿的，应否支持？

依法缴纳社会保险是《劳动法》规定的用人单位与劳动者的法定义务，即便是因劳动者要求用人单位不为其缴纳社会保险，劳动者按照《劳动合同法》第三十八条的规定主张经济补偿的，仍应予支持。

73. 劳动者以《劳动合同法》第三十八条规定之外的情形为由提出解除劳动合同的，在仲裁或诉讼阶段又主张是用人单位存在前述法定情形迫使其解除劳动合同，请求用人单位支付经济补偿或赔偿金的如何处理？

对于劳动者提出解除劳动合同的，应以劳动者当时实际解除劳动合同时提出理由作为认定案件事实的依据，劳动者以《劳动合同法》第三十八条规定之外的情形为由提出解除劳动合同，在仲裁或诉讼阶段又主张是用人单位存在前述法定情形迫使其解除劳动合同，请求用人单位支付经济补偿或赔偿金的，劳动争议仲裁机构、人民法院不予支持，但劳动者证明在解除劳动合同时，存在欺诈、胁迫、重大误解等违背其真实意思表示的情形的除外。

74. 在不属于《劳动合同法》第三十八条规定的情况下，劳动者违反劳动合同约定的期限提前解除合同，用人单位拒绝继续履行约定的正常劳动报酬、福利外的经济方面的特殊待遇，或者要求劳动者返还正常劳动报酬、福利外的经济方面的特殊待遇，如何处理？

用人单位除向劳动者支付正常劳动报酬外，还特别给予劳动者如汽车、房屋、住房补贴等经济方面特殊待遇，双方对特殊待遇与约定工作期限的关联性有明确约定的按约定；虽无明确约定，但能够认定用人单位系基于劳动者的工作期限给予劳动者特殊待遇的，由于劳动者未完全履行合同，用人单位可以就劳动者未履行合同对应部分拒绝给付特殊待遇，对已经预先给付的，可以按照相应比例要求返还。

75. 用人单位违法解除或终止劳动合同，劳动者要求继续履行劳动合同的，如何处理？

劳动者要求继续履行劳动合同的，一般应予以支持。

在仲裁或者诉讼中发现确实无法继续履行劳动合同的，应做好释明工作，告知劳动者将要求继续履行劳动合同的请求变更为要求用人单位支付违法解除劳动合同赔偿金等请求。如经充分释明，劳动者仍坚持要求继续履行劳动合同的，应尊重劳动者的诉权，驳回劳动者的请求，告知其可另行向用人单位主张违法解除劳动合同赔偿金等。如经释明后，劳动者的请求变更为要求用人单位支付违法解除劳动合同赔偿金等的，应当继续处理。

76. 用人单位违法解除或终止劳动合同后，劳动者要求继续履行劳动合同，哪些情形可以认定为“劳动合同确实无法继续履行”？

劳动合同确实无法继续履行主要有以下情形：（1）用人单位被依法宣告破产、吊销营业执照、责令关闭、撤销，或者用人单位决定提前解散的；（2）劳动者在仲裁或者诉讼过程中达到法定退休年龄的；（3）劳动合同在仲裁或者诉讼过程中到期终止且不存在《劳动合同法》第十四条规定应当订立无固定期限劳动合同情形的；（4）劳动者原岗位对用人单位的正常业务开展具有较强的不可替代性和唯一性（如总经理、财务负责人等），且劳动者原岗位已被他人替代，双方不能就新岗位达成一致意见的；（5）劳动者已入职新单位的；（6）仲裁或诉讼过程中，用人单位向劳动者送达复工通知，要求劳动者继续工作，但劳动者拒绝的；（7）其他明显不具备继续履行劳动合同条件的。

劳动者原岗位已被他人替代的，用人单位仅以此为由进行抗辩，不宜认定为“劳动合同确实无法继续履行的”情形。

77. 劳动者与用人单位因劳动合同是否为违法解除发生争议，劳动者要求继续履行劳动合同的情况下，原单位提交了其他单位为劳动者缴纳社会保险的凭证，并以此主张劳动者与新单位之间已经形成劳动关系，此时社会保险缴纳记录能否作为认定劳动者与新单位形成劳动关系的依据？并由此导致劳动者与用人单位“劳动合同已经不能继续履行”？

不能仅以社会保险缴纳记录作为认定劳动者与新单位形成劳动关系的依据。但此时举证责任转移，由劳动者证明其与新用人单位之间不是劳动关系。若劳动者不能提出反证，则依据其与新用人单位之间的社保缴费记录确认劳动者与原用人单位“劳动合同确实无法继续履行”。新用人单位不是案件当事人的，劳动者与新用人单位之间的社保缴费记录仅为“劳动合同确实无法继续履行”的裁判理由，不应径行裁判劳动者与新用人单位之间是否形成劳动关系。

78. 用人单位依据《劳动合同法》第三十九条第一项的规定解除劳动合同的，如何处理？

用人单位在录用劳动者时应当向劳动者明确告知录用条件，用人单位在解除劳动合同时应当向劳动者说明理由及法律依据。

用人单位证明已向劳动者明确告知录用条件，并且提供证据证明劳动者在试用期间不符合录用条件的，可依照《劳动合同法》第三十九条第一项的规定解除劳动合同。

就劳动者是否符合录用条件的认定，在试用期的认定标准可适当低于试用期届满后的认定标准。劳动者不符合录用条件的情况主要有以下情形：（1）劳动者违反诚信原则对影响劳动合同履行的自身基本情况有隐瞒或虚构事实的，包括提供虚假学历证书、假身份证、假护照等个人重要证件；对履历、知识、技能、业绩、健康等个人情况说明与事实有重大出入的；（2）在试用期间存在工作失误的，对工作失误的认定以《劳动法》的相关规定、用人单位规章制度以及双方合同约定内容为判断标准；（3）双方约定属于用人单位考核劳动者试用期不符合录用条件的其他情况。

79. 哪些情形属于《劳动合同法》第四十条第三项规定的“劳动合同订立时所依据的客观情况发生重大变化”？

“劳动合同订立时所依据的客观情况发生重大变化”是指劳动合同订立后发生了用人单位和劳动者订立合同时无法预见的变化，致使双方订立的劳动合同全部或者主要条款无法履行，或者若继续履行将出现成本过高等显失公平的状况，致使劳动合同目的难以实现。

下列情形一般属于“劳动合同订立时所依据的客观情况发生重大变化”：（1）地震、火灾、水灾等自然灾害形成的不可抗力；（2）受法律、法规、政策变化导致用人单位迁移、资产转移或者停产、转产、转（改）制等重大变化的；（3）特许经营性质的用人单位经营范围等发生变化的。

80. 在规章制度未作出明确规定、劳动合同亦未明确约定的情况下，劳动者严重违反劳动纪律和职业道德的，用人单位是否可以解除劳动合同？

根据《劳动法》第三条第二款规定，劳动者应当遵守劳动纪律和职业道德。上述规定是对劳动者的基本要求，即便在规章制度未作出明确规定、劳动合同亦未明确约定的情况下，如劳动者存在严重违反劳动纪律或职业道德的行为，用人单位可以依据《劳动法》第三条第二款的规定与劳动者解除劳动合同。

81. 二次固定期限劳动合同到期后，用人单位发出终止劳动合同通知，劳动者主张用人单位支付违法终止劳动合同的赔偿金，是否支持？

在劳动者不符合《劳动合同法》第三十九条和第四十条第一项、

第二项规定情形时，用人单位在二次固定期限劳动合同到期后直接发出终止劳动合同（关系）通知，不符合《劳动合同法》第十四条第二款第三项之规定，应认定为违法终止劳动合同（关系）。劳动者主张用人单位支付违法终止劳动合同的赔偿金，应予支持。

82. 用人单位为其招用的劳动者办理了本市户口，双方据此约定了服务期和违约金，用人单位要求劳动者支付违约金的，如何处理？

用人单位为其招用的劳动者办理了本市户口，双方据此约定了服务期和违约金，用人单位以双方约定为依据要求劳动者支付违约金的，不应予以支持。确因劳动者违反了诚信原则，给用人单位造成损失的，劳动者应当予以赔偿。

83. 解除或终止劳动合同后，用人单位拒不向劳动者出具终止或者解除劳动关系证明或者未在法律规定的期限内为劳动者办理档案和社会保险关系转移手续，造成劳动者无法就业的，劳动者请求用人单位赔偿损失的，如何处理？

劳动者能够证明因用人单位的过错造成其无法就业并发生实际经济损失的，应当予以支持。劳动者对用人单位过错与其无法就业有直接的因果关系以及因此所造成经济损失的具体数额负有举证责任，不能证明有直接因果关系的不予支持，如确实造成经济损失，但无法确定经济损失具体数额的，可以按照劳动者在解除或终止劳动合同前十二个月平均工资确定。

84. 因用人单位的过错而使档案迟延移转，劳动者要求用人单位赔偿损失，如何确定赔偿数额？

因用人单位的过错而使档案迟延移转，劳动者要求用人单位赔偿损失，劳动争议仲裁机构或人民法院在确定赔偿额时，可参照《北京市失业保险规定》及相关政策文件的规定；劳动者因其档案丢失而向用人单位主张赔偿损失的，劳动争议仲裁机构或人民法院可根据当事人的过错程度和受损情况酌情确定赔偿数额，一般不超过十万元。

85. 固定期限劳动合同履行过程中，用人单位与劳动者协商对劳动合同终止时间作出变更，是否认定属于签订了两次劳动合同？

用人单位与劳动者协商一致变更固定期限合同终止时间的，如变更后的终止时间晚于原合同终止时间，使整个合同履行期限增加，视为用人单位与劳动者连续订立两次劳动合同。对初次订立固定期限合同时间变更的，按连续订立两次固定期限劳动合同的相关规定处理，对两次及多次订立固定期限合同时间变更的，按订立无固定期限劳动合同的相关规定处理。如变更后的终止时间比原合同终止时间提前，使整个合同履行期限减少，则仅视为对原合同终止时间的变更。

86. 出租车公司与司机签订的承包合同、劳动合同期满后，出租车公司对车辆进行更新，承包金在市政府规定的标准内作相应调整的，劳动者不同意续订劳动合同，并以用人单位降低劳动合同条件为由，要求用人单位应支付终止劳动合同经济补偿的，如何处理？

应视为出租车公司维持原劳动合同约定的条件与劳动者续订劳动合同，劳动者不同意续订的，不应支付其终止劳动合同经济补偿。

87. 劳动者在用人单位设立筹备阶段的工作时间是否计入本单位工作年限？

劳动者在用人单位设立筹备阶段的工作时间一般不计算为本单位工作年限，但双方另有约定的除外。

七、其他

88. 因第三人侵权而发生的工伤，如用人单位未为劳动者缴纳工伤保险费，应如何处理？

因第三人侵权而发生的工伤，如用人单位未为劳动者缴纳工伤保险费，应由用人单位按照《工伤保险条例》的有关规定向劳动者（或直系亲属）支付工伤保险待遇。侵权的第三人已全额给付劳动者（或直系亲属）医疗费，用人单位不必再重复给付。

89. 用人单位未按规定为劳动者缴纳医疗保险费，导致劳动者不能享受医疗保险待遇，劳动者要求用人单位赔偿相关医疗保险待遇损失的，如何处理？

因用人单位未按规定为劳动者缴纳医疗保险费，劳动者要求用人单位赔偿相关医疗保险待遇损失，劳动争议仲裁机构受理后，应要求劳动者提交相关医疗单据，并委托所在区的医疗保险经办机构协助核算应由用人单位承担的医疗费数额。劳动争议仲裁机构和人民法院在处理相应案件时，均可参照。

未经过仲裁前置程序直接起诉到人民法院的医保待遇损失争议案件，人民法院在受理后，应要求劳动者提交相关医疗单据，并可委托相应医疗保险经办机构协助核算应由用人单位承担的医疗费数额。

90. 用人单位与劳动者约定，工资中包括用人单位负担的养老、医疗、失业等社会保险费，而不向社会保险经办机构缴纳社会保险费的，其效力如何认定？

用人单位负有自行申报按时足额缴纳社会保险费的法定责任，劳动者应当缴纳的社会保险费由用人单位代扣代缴。用人单位与劳动者约定工资中包括社会保险费，而不向社会保险经办机构缴纳社会保险费的行为无效。

劳动者主张未办社会保险损失赔偿的，可以从赔偿额中扣减用人单位已按约定支付给劳动者的社会保险费。

91. 用人单位已向劳动者支付金钱代替缴纳社会保险的，用人单位在补缴社会保险后能否要求劳动者返还已付金钱？

如果用人单位补缴社会保险后劳动者在社会保险方面已不存在损失的，用人单位可以要求劳动者返还为代替缴纳社会保险而支付的金钱。

92. 近亲属间如何分配劳动者的工亡赔偿待遇？

除供养亲属抚恤金外，其他享受劳动者的工亡赔偿待遇的近亲属范围的顺位可参照《民法典》中法定继承顺位考虑。

指导案例、典型案例与解读

最高人民法院、住房和城乡建设部联合发布老旧小区既有住宅加装电梯典型案例

2023 年 11 月 8 日上午，最高人民法院、住房和城乡建设部联合发布老旧小区既有住宅加装电梯典型案例并回答记者提问。最高人民法院民事审判第一庭长陈宜芳、住房和城乡建设部城市建设司副司长刘李峰、最高人民法院民事审判第一庭副庭长吴景丽出席发布会。发布会由最高人民法院新闻局副局长王斌主持。

随着我国人口结构深刻变化和人民群众对美好生活的需求不断提升，老旧小区既有住宅加装电梯成为广大城市家庭，尤其是有老年人、婴幼儿、残疾人家庭的迫切需求。习近平总书记指出，老旧小区改造是提升老百姓获得感的重要工作，也是实施城市更新行动的重要内容。要聚焦为民、便民、安民，尽可能改善人居环境，改造水、电、气等生活设施，更好满足居民日常生活需求，确保安全。让老百姓体会到我们党是全心全意为人民服务的，党始终在人民群众身边。截至 2023 年 10 月，全国老旧小区既有住宅已累计加装电梯近 10 万部，但加装电梯仍是老旧小区改造中群众反映强烈的难点问题。在电梯加装和使用过程中，楼上楼下、左邻右舍因需求和利益不同，容易产生纠纷。妥善化解邻里纠纷、为老旧小区既有住宅加装电梯提供有力的法治保障，事关千

千万万家庭幸福安居、事关“一老一幼”和残疾人安全便利出行、事关广大基层社区和谐稳定。

近年来，最高人民法院与住房和城乡建设部在多个领域通力协作，通过共同建立“总对总”在线诉调对接机制、发出和办理司法建议等方式共促多元解纷，形成法治合力。“一个案例胜过一打文件。”司法和执法案例是最生动的法治教材。为深入学习贯彻习近平总书记关于老旧小区改造的重要讲话精神、贯彻落实全国调解工作会议精神、促进无障碍环境建设法有效实施，推动多元解纷、促进诉源治理，在司法审判和行政执法中大力弘扬法治、文明、和谐、友善等社会主义核心价值观，让广大人民群众住有所居、居有所安，今天，最高人民法院与住房和城乡建设部联合发布老旧小区既有住宅加装电梯典型案例。

本次发布的老旧小区既有住宅加装电梯典型案例有以下几个特点。

一、弘扬法治精神、彰显行为规则

民法典第二百八十八条规定：“不动产的相邻权利人应当按照有利生产、方便生活、团结互助、公平合理的原则，正确处理相邻关系。”民法典还对业主决定加装电梯的表决程序等作了明确规定。2023 年 9 月 1 日施行的无障碍环境建设法第二十二条规定：“国家支持城镇老旧小区既有多层住宅加装电梯或者其他无障碍设施，为残疾人、老年人提供便利。”房屋所有权人应当弘扬中华民族与邻为善、守望相助等传统美德，加强沟通协商，依法配合既有多层住宅加装电梯或者其他无障碍设施。本次发布典型案例中加装电梯行为都依法履行了民主决策程序，完成了报建审批手续，明确了其他业主不得违法阻挠依法加装电梯的行为规范。在徐某等六人诉范某排除妨害纠纷案中，人民法院明确依法加装电梯的业主有权请求相邻楼栋业主停止妨害加装电梯行为；在康某等人诉刘某等人排除妨害纠纷案中，人民法院明确依法加装电梯占用公共绿地对其他业主影响较小的，其他业主不得阻挠；在某公司诉钟某排除妨碍纠纷案中，人民法院明确业主违法阻挠加装电梯施工造成损失的，应当依法承担赔偿责任；在赵某诉唐某、樊某等合同纠纷案中，人民法院明确业主使用加装电梯产生纠纷应按有利生产、方便生活的原则协商处理；在刘某诉某经济联合社侵权责任纠纷案中，人民法院明确业主无充分证据证明依法加装的电梯影响其通风、采光及通行的，无权请求拆除电梯。

二、推动多元解纷、强化诉源治理

习近平总书记要求，“法治建设既要抓末端、治已病，更要抓前端、治未病。我国国情决定了我们不能成为‘诉讼大国’”[①]。中共中央政治局委员、中央政法委书记陈文清在全国调解工作会议上强调，随着经济社会快速发展，社会矛盾纠纷规模较大，不能都进入诉讼，要充分发挥调解作用，切实把矛盾纠纷化解在基层、化解在萌芽状态，依法保障人民群众合法权益。本次发布的多起典型案例均通过调解方式处理，将矛盾化解在基层。在张某等八人诉李某、任某排除妨碍纠纷案中，人民法院通过调解，促使当事人优化施工工艺、安排安全监测，打消其他业主对加装电梯的安全顾虑，化解群众心结；在苏某、吴某诉谌某等十人排除妨碍纠纷案中，人民法院通过调解引导当事人互谅互让、睦邻友善，有效化解电梯加装后的使用纠纷；在何某诉万某排除妨碍纠纷案中，浙江省杭州市上城区人民法院、区住房城乡建设局与区人民调解委员会联合召集各方进行联合调解，从法律和施工的专业角度释法答疑，促进业主形成加装电梯共识，有效化解纠纷。

① 习近平：《坚定不移走中国特色社会主义法治道路，为全面建设社会主义现代化国家提供有力法治保障》，载《求是》2021年第5期。

三、弘扬传统美德、促进社区和谐

习近平总书记要求，“要坚持依法治国和以德治国相结合，实现法治和德治相辅相成、相得益彰”①。处理邻里纠纷，既要扎牢法治底线，又要引领道德上线。邻里团结是中华民族传统美德。我国古人讲“千金买屋，万金买邻”。这是因为构建和谐邻里关系对生活品质有重要影响。处理邻里关系之要在“让”，之害在“争”。让能让出格局、让出友善、让出和谐；争会争出隔阂、争出积怨、争出纠纷。本次发布的多起典型案例，都体现了邻里之间让为先、和为贵的中华民族传统美德，弘扬了法治、文明、和谐、友善的社会主义核心价值观。例如，在王某、窦某诉骆某、阳某等侵权责任纠纷案中，在主张加装电梯的业主已经胜诉，并完成了电梯加装的情况下，居住楼上的党员业主牵头，主动找到反对安装电梯的二层业主协商，由楼上业主共同出资 7639 元，为二层老年业主免费增设电梯入户连廊，十年内免交电梯保养费、维修费，各方握手言和，邻里关系更加和谐。

四、衔接法治自治、实现政通人和

邻里关系是典型的熟人关系。处理邻里纠纷，既需要法治，也需要自治。商以求同，协以成事，“有事好商量，众人的事由众人商量”是基层社会治理的真谛。浙江杭州某小区化解加装电梯纠纷时，当地街道办搭建听证平台，邀请各方参与听证，让法律专业人员释法，由人民群众讲理，让法治与自治有机衔接，使人民群众在充分协商的基础上自行化解纠纷，促使搁置四年的加梯项目“破冰”。本次发布的多起典型案例中，纠纷化解都得益于人民法院、政府部门引导当事人通过协商解决

① 习近平：《坚定不移走中国特色社会主义法治道路，为全面建设社会主义现代化国家提供有力法治保障》，载《求是》2021 年第 5 期。

争议，将矛盾化解在基层，让纠纷不出街道，实现了政通人和的效果。

下一步，最高人民法院与住房和城乡建设部将积极履职、通力合作，通过信息共享、司法建议、案例发布、政策协调等方式积极开展多元解纷、诉源治理，为实现人民安居乐业、社会安定有序、国家长治久安提供更加有力的法治保障。

最高人民法院、住房和城乡建设部老旧小区既有住宅加装电梯典型案例

目　录

案例一

依法加装电梯的业主有权请求相邻楼栋业主停止妨害加装电梯的行为

——徐某等六人诉范某排除妨害纠纷案

【基本案情】

江苏省无锡市某花园小区某号楼某单元全体业主于 2019 年一致签

字同意本单元增设电梯，于小区主要出入口及单元楼道张贴意见征集单、公示、承诺及图纸等相关材料，公示期间未收到异议。随后该增设电梯项目取得了主管部门的审批手续，于2020年4月正式开工。居住于某号楼北楼的业主范某认为该电梯安装位置影响其采光，侵犯其合法权益，遂多次在加装电梯施工现场阻碍施工，导致项目停工。该小区某号楼业主向人民法院起诉，要求判令范某排除妨碍，停止对加装电梯工程的妨害行为。

【裁判结果】

江苏省无锡市梁溪区人民法院认为，某号楼加装电梯经过本幢房屋相关业主表决同意，徐某等业主系依据合法有效的既有住宅增设电梯开工备案通知单进行施工，范某实施阻碍加装电梯的行为，侵犯了徐某等业主的合法权益。根据法律关于相邻关系的规定，相邻关系应当按照有利生产、方便生活、团结互助、公平合理的原则处理，案涉住宅增设电梯，将对大多数业主特别是老年人、儿童生活带来极大便利。虽然可能会对北楼的房屋采光、通风产生一定影响，但北楼应当本着友睦邻里、互让互谅的原则对待增设电梯工程。人民法院判决范某停止对无锡市某花园小区某号楼加装电梯工程的阻挠行为。范某不服一审判决，提起上诉，江苏省无锡市中级人民法院经审理后判决驳回上诉，维持原判。

【典型意义】

本案是一起因老旧小区加装电梯而引起的相邻关系纠纷，增设电梯工程系依法进行，相邻楼栋业主以侵害相邻权提出异议、阻挠施工。某号楼位于小区的中间位置，加装电梯意味着不仅要对该楼外墙进行改建，且电梯井道也需占用紧邻的一部分土地和地上空间，属于影响业主权利、需由业主共同决定的事项。人民法院判决明确该楼加装电梯事宜已经获得该栋楼法定比例以上业主同意，程序合法。关于增设的电梯是否会对相邻楼栋业主通风、采光造成影响的问题，某号楼增设电梯可以改善该幢楼业主的居住条件及生活便利程度，电梯井道采用的是玻璃幕墙，在设计时已经考虑了可能给相邻楼栋及低楼层业主造成的采光问题，在保证本楼栋业主出行便利的情况下，尽可能将相邻及低楼层业主通风、采光权的影响降到最低。同样，可能受到影响的业主如本案例中的范某，也应对相邻楼栋业主合理合法使用不动产提供一定的便利，即容忍相邻楼栋业主因加装电梯而在合法合理范围内改造建筑物。此外，考虑到增设电梯可能给小区业主造成的影响并非一开始就会全部显露，为充分保障范某的权利，本案二审中也提出，如加装电梯后在采光、通风等方面确对部分业主造成较大影响的，亦可就补偿问题另行协商或通过法律途径解决，既保障了增设电梯工程的顺利完工，也为范某合理合法行使权利指明了路径。

案例二

依法加装电梯占用公共绿地对其他业主影响较小的，有权请求其他业主停止阻挠施工、排除妨害

——康某等人诉刘某等人排除妨害纠纷案

【基本案情】

四川省成都市武侯区某小区某栋某单元共有 6 楼 12 户住户。2019 年 10 月，该单元业主拟增设电梯，获得全部 12 户业主“同意”表态。之后，该小区所在社区居委会根据成都市既有住宅自主增设电梯的相关政策，委托小区物业公司将与增设电梯相关的政策文件及电梯安装示意图等材料在该小区物业公告板以及该单元入口处张贴公示。公示期间没

有其他业主提出异议。其后居委会根据成都市相关政策对该单元电梯加装活动进行了备案，该单元业主便委托有资质的安装企业进行电梯安装。安装企业按照政策向住房和城乡建设部门报备后入场施工。根据施工方案，需在该单元门口的公共绿地挖基坑。施工活动招致该单元相邻楼栋及非相邻楼栋的业主不满，部分业主以增设电梯未取得小区全部业主同意、施工违法、占用公共绿地等理由，采取随意进入施工工地等方式阻挠施工，致使案涉电梯增设工程停工。经当地居委会和派出所调解无果后，加装电梯单元业主提起诉讼，要求停止阻拦、妨害电梯正常施工并赔偿相应损失。

【裁判结果】

四川省成都市武侯区人民法院经审理认为，在增设电梯方案公示期间，其他楼栋的业主未提出异议，增设电梯的程序符合政策要求。增设电梯需占用的公共绿地虽属全体业主共有，但电梯加装占用的绿地面积较小，对该单元以外的其他业主影响较低，其他业主应给予便利。最终，四川省成都市武侯区人民法院判决阻挠施工的业主停止对该小区某栋某单元增设电梯施工活动的阻挠和妨碍。四川省成都市中级人民法院二审维持一审判决。

【典型意义】

既有住宅增设电梯政策是落实无障碍环境建设法的重要措施，是保障残疾人、老年人权益的重要抓手。与常见的因低楼层业主阻碍电梯加装活动引发纠纷不同，本案系因相邻的其他楼栋业主以电梯加装占用公共绿地，侵犯业主共有权为由引发。本案的处理兼顾了法理与人情，倡导当既有住宅有必要加装电梯且需占用公共绿地时，在占地的位置、面积合理的情况下，若加装行为不会导致他人采光、通行、安全等方面受到明显不利影响，相关业主应当秉持有利生产、方便生活的原则，给予电梯加装活动便利。本案充分践行了文明、和谐、法治的社会主义核心价值观，对构建自由平等、和谐友善邻里关系具有积极示范作用。

案例三

业主诉请拆除电梯但无充分证据证明依法加装的电梯影响其通风、采光及通行的，人民法院不予支持

——刘某诉某经济联合社侵权责任纠纷案

【基本案情】

刘某系北京市朝阳区某老旧小区某单元一层业主，其父母常年居住在案涉房屋内。2018年4月23日，北京市朝阳区住房和城乡建设委员会下发《北京市既有多层住宅增设电梯试点工作项目确认书（朝阳区）》，确定某经济联合社系该小区增设电梯项目的实施主体。2019年，该联合社对案涉房屋所在单元全部12户居民进行了民意调查，其中10户居民同意加装电梯，刘某及402号的居民不同意。后该联合社在该单元北侧加装了外挂直行电梯，现已投入使用。刘某认为该联合社未征得其同意强行加装电梯，对其房屋的通风、采光及老年人出行造成影响，要求拆除已经加装的电梯。

【裁判结果】

北京市朝阳区人民法院经审理认为，从现场勘验情况看，加装电梯位置位于楼宇北侧原单元门出口，电梯东、西、北侧均为透明玻璃材质，南侧为电梯门，加装电梯后电梯入口朝西，未对楼宇一层房屋的通风形成遮挡或影响；电梯位于楼宇北侧，且未正对刘某的房屋，难以认

定对其房屋采光或日照有影响，亦难以认定会产生噪声污染。加装电梯后，楼门口进出依然顺畅，并未对老年人出行带来障碍。刘某亦未提交证据证实案涉电梯影响其房屋的采光、通风及产生噪声污染。综上所述，法院依法驳回了刘某的诉讼请求。

【典型意义】

城市老旧小区加装电梯是推动城市更新、缓解老弱人群出行难的民生工程，也是明显改善人民群众生活质量的善举，受到全社会的关注。在加装过程中，低楼层与高楼层住户矛盾较大，低楼层业主往往以影响其采光、通风、隐私等理由反对加装电梯。在加装电梯表决程序合法的前提下，已加装的电梯经过绝大部分住户同意，且未明显影响低楼层住户利益，则低楼层住户负有适度容忍义务。电梯加装过程中应大力弘扬“老吾老，以及人之老；幼吾幼，以及人之幼”的中华民族传统美德。本案体现了和谐、友善的社会主义核心价值观，彰显了司法裁判在社会治理中的规则引领和价值导向作用，对维护团结互助的社区环境、营造和谐友爱的邻里关系具有积极意义。

案例四

业主违法阻挠加装电梯施工应当依法承担赔偿责任

——某公司诉钟某排除妨碍纠纷案

【基本案情】

广东省广州市海珠区某住宅楼某单元加装电梯项目于2018年取得规划部门核发的《建设工程规划许可证》。该单元业主钟某认为，电梯加装工程影响其住宅采光，高层业主并未与其协商好补偿方案，遂采取多种方式阻挠施工，亦与高层业主发生多次诉讼。2021 年 3 月，案涉住宅楼业主代表与某公司签订《建筑工程施工合同》，约定由某公司承包案涉住宅楼加装电梯井道工程。但钟某两次进入施工场所阻挠和破坏电梯施工工程，以致建设工程长期未能正式开工。某公司向人民法院起诉，请求判令钟某不得对电梯施工进行阻挠和破坏，并赔偿工程无法开工造成的损失。

【裁判结果】

广东省广州市中级人民法院审理认为，案涉住宅楼加装电梯，已经相关行政部门审核批准。某公司作为案涉加装电梯工程的施工方，其合法权益受法律保护。案涉电梯施工需要大型施工设备进场作业，出于安全考虑，非施工人员均不应长时间在施工现场停留。在此前生效判决已经判令钟某、刘某不得对住宅楼电梯施工进行阻挠和破坏的情况下，钟某仍故意在施工现场出入，其行为已影响了某公司的施工，构成侵权，钟某应对阻碍加装电梯工程施工的行为承担侵权责任。故某公司要求钟某等不得对电梯施工进行阻挠和破坏，于法有据。在某公司已举证证明因钟某的阻挠行为导致损失的情形下，判决钟某不得对案涉住宅楼电梯施工进行阻挠和破坏，并赔偿某公司 3600 元损失。

【典型意义】

老旧小区加装电梯易引发邻里间矛盾，双方应本着和谐、友善的原则相互沟通和协商。在加装电梯方案设计过程中，高低楼层业主可在充分协商后确定方案，尽可能从技术上减少或避免对低层业主的影响。在加装电梯方案的公示审批过程中，低层业主应当合理行使自己的异议权，在法定的批前公示时间内向相关行政部门提出主张，从而实质性解决加装电梯方案争议。在加装电梯方案无法从技术手段上避免影响且获得行政许可的情况下，低楼层业主应当通过协商补偿或者诉讼等方式合理主张权利。审理法院判决对低楼层业主擅自采取各种行为粗暴阻挠电梯施工作出否定性评价，倡导低楼层业主应采取合法合理的方式维护自身权利，而不是粗暴干涉甚至以置自己于危险境地的手段阻挠施工，对于构建和谐共处、团结互助的邻里关系具有积极引导意义。

案例五

未同意加装电梯业主补交出资后有权使用电梯

——郭某与谢某等建筑物区分所有权纠纷案

【基本案情】

广东省广州市荔湾区某小区某栋 9 层住宅楼业主于 2017 年至 2018 年商议加装电梯，44 户业主中有 32 户业主同意。居住于 3 楼、年近八旬的业主郭某因有异议未参与出资。电梯投入使用后，郭某提出希望在补交相应集资款后使用电梯，但 32 户业主认为郭某前期对加装电梯有异议，导致加装电梯工程延误一年多，反对其使用电梯。郭某向人民法院起诉，请求确认其在按前期加装电梯筹资方案支付 10077 元费用后，对新建电梯拥有与 32 户业主同等的权利和义务。

【裁判结果】

广东省广州市荔湾区人民法院审理认为，案涉电梯在使用属性上系建筑物的共有部分，郭某与其他业主对电梯享有使用权和共同管理的权利。郭某使用该电梯并不属于相关法律及司法解释所规定的应由业主共同决定的事项，亦不会导致其他业主使用电梯的合法权利受到损害，故无须经多数业主同意。依据公平原则，使用电梯应以支付集资款为前提，故法院判决郭某支付增设电梯集资款后，由该住宅业主代表向郭某提供电梯卡，供其搭乘电梯使用。宣判后，32户业主提出上诉。广东省广州市中级人民法院二审驳回上诉，维持原判。

【典型意义】

加装电梯涉及的法理、情理错综复杂，邻里之间应多一份理解和包容，坚持自愿平等、友好协商、兼顾公平的原则开展协商，共同营造和谐舒适的居住环境。郭某已80岁高龄，确有使用电梯的客观需要，其在加装电梯期间提出异议属于正常表达意见的范围，若其他业主以此为由拒绝高龄老人使用电梯，不符合诚信友善的社会主义核心价值观。其他业主如认为郭某阻碍电梯加装的行为给其造成损失，可另案主张权利，但不能以此拒绝郭某在补交集资款后使用电梯。

案例六

优化施工工艺、安排安全监测，人民法院加强调解解心结

——张某等八人诉李某、任某排除妨碍纠纷案

【基本案情】

张某等八人系浙江省玉环市某公寓某单元住户，李某、任某两人系夫妻关系，双方为同幢立地栋联建不动产登记权利人，房屋中间有公共通道相隔，间隔距离最近为12米。2020年7月，张某等八人经法定程序申请加装电梯。2020年10月，玉环市住房和城乡建设局等部门共同

作出《玉环市既有住宅申请加装电梯并联审查意见书》，同意张某等八人加装电梯的申请。李某、任某认为加装电梯会严重损害其房屋安全，强烈反对并采取过激行为阻挠施工，导致加装工程一直无法竣工。张某等八人起诉要求李某、任某立即停止对加装电梯工程的妨碍行为，并赔偿损失 164575 元。

【裁判结果】

案件审理中，经浙江省玉环市人民法院调解，双方当事人充分了解对方关切，并就双方最关心的房屋安全问题提出了切实有效的解决方案，自愿达成如下调解协议：（1）原告方电梯施工方式采用直径 1000 毫米的钻孔灌注桩（该图纸需报送相关部门进行变更备案）；（2）由原告方负责委托有资质的第三方机构对两被告的房屋进行安全动态监测（具体监测时间分三次：第一次为电梯施工开工前，第二次由第三方机构在施工期间自行选择一个时间，第三次为自电梯竣工验收合格之日起满六十日后），该监测费用由原告方承担；（3）自本协议双方签字生效后，两被告不得再阻挠原告方电梯施工。原告、被告双方都要遵守本协议约定，如果有任何一方违约，违约方要赔偿对方 16 万元的经济损失。若该违约金不足以覆盖实际损失，以实际损失为准。

【典型意义】

老旧小区加装电梯，是居民提升生活品质的合理需求，但会引发相邻业主对加装电梯施工影响其房屋安全的担忧，进而产生矛盾纠纷。本案审理法院找准问题解决的突破口，通过多次调解解开当事人心结，促使双方重新商定施工方案，并确定对被告房屋安全进行动态监测。这一解决方案既消除了本案被告对房屋安全的顾虑，又满足了原告对美好生活的需求，还为同类矛盾化解提供了新的解纷思路。

案例七

法院调解促成业主按有利生产、方便生活原则化解纠纷，依法保障未出资业主使用电梯权利

——赵某诉唐某、樊某等合同纠纷案

【基本案情】

2017年底，江苏省南京市玄武区某小区某幢某单元业主签订协议，约定居住于四楼以上的五户业主为出资方，承担加装电梯所有建设费用、后续维护保养费、电费，包括未出资户在内的本单元所有用户可享受电梯使用权。电梯建成后，全体出资户成立了加装电梯业主管理委员会，制定了电梯运行管理办法，要求凭IC卡使用电梯，未出资户需交纳保障金6万元方可领取IC卡。赵某为三楼业主，因不愿交纳保障金而无法使用电梯，双方难以达成一致意见。赵某向人民法院起诉，要求法院判令其有权按出资户同等条件使用电梯。

【裁判结果】

江苏省南京市玄武区人民法院一审判决赵某有权按电梯使用协议的约定使用电梯。二审经人民法院主持调解，双方达成《某幢某单元电梯使用调解方案》，约定设立电梯运行维护基金，两年内电梯运行维护开支仍按原协议由出资加装电梯居民承担，两年后由所有使用电梯住户均摊，所有电梯使用住户签订免责协议，即电梯使用住户成员及相关访客，在乘坐电梯过程中出现任何安全事故、人身伤害，除追究电梯运保维修公司责任外，其余责任自负。上诉人向人民法院申请撤回上诉。

【典型意义】

本案中，计划加装电梯时，为争取更多的业主签字同意，部分加装电梯意愿强烈的业主以免费使用电梯为条件，争取加装电梯意愿不强烈的业主签字同意。双方签署了电梯使用协议，明确约定未出资建设的业主也可以使用电梯。但电梯使用协议对电梯使用过程中的运行费用、维保费用以及安全责任等问题未作明确约定，以致产生矛盾。

加装电梯使用过程中，因涉及电梯运行费用、维保费用的承担以及安全保障义务等问题，由使用电梯的部分业主承担全部费用和安全保障义务确实有失公平，但是本案双方已经签署了使用协议，双方应当遵守诚信原则。法院在审理本案过程中，直接作出判决不仅不能化解双方的矛盾，还会加剧双方的矛盾，造成邻里关系恶化，达不到法律效果和社会效果的统一。且赵某在一审庭审中表明其愿意就承担电梯管理、维护等义务，与单元内包括出资户在内的其他业主进行友好协商。在此情况下，人民法院组织双方进行调解，既遵从了双方使用电梯的意愿，也兼顾了权利和义务的统一，最终双方重新达成新的电梯使用方案，彻底解决了双方现有的矛盾并消除了将来的隐患。

案例八

法院调解引导当事人互谅互让、睦邻友善，化解加装电梯使用纠纷

——苏某、吴某诉谌某等十人排除妨碍纠纷案

【基本案情】

原告苏某、吴某和被告谌某等十人为某小区某栋楼某单元业主。该

单元共 6 层 12 户，苏某、吴某为一层住户。2021 年 3 月，该单元业主商议增设电梯，除吴某未签名同意外，其余 11 位业主均同意在本单元出入口前空地增设电梯。在商议时，十名被告同意在单元出入口顶板延伸处设置电梯停靠点供苏某、吴某进出。2021 年 5 月，案涉电梯取得《建设工程规划许可证》开始施工，因建筑结构特点，新增电梯与建筑物连接处均为楼梯中间转角平台，业主出停靠点后走半层楼梯方能入户，未在单元出入口顶板延伸处设置停靠点。案涉电梯竣工验收后已取得特种设备使用登记证并投入使用。因案涉电梯实际停靠点设置与原商定方案不一致，原告提起诉讼，请求依法判令各被告停止侵害，拆除已违法建设完成的电梯，并在保障其加装电梯平等使用权的前提下重新委托设计、申请规划审批及依法加装电梯。

【裁判结果】

福建省漳州市南靖县人民法院经审理认为，根据民法典第二百七十八条规定，案涉房屋增设电梯属于应由业主共同决定的事项，应当由专有部分面积占比三分之二以上的业主且人数占比三分之二以上的业主参与表决，并应当经参与表决专有部分面积四分之三以上的业主且参与表决人数四分之三以上的业主同意。案涉单元楼共计 12 户业主，11 户业主同意增设电梯，电梯施工中 10 户业主同意现有的电梯设置停靠点的方案，表决程序及建设程序符合法律规定。苏某、吴某在电梯建设前后均需走半层楼梯入户，案涉电梯建设并未对其出行构成妨碍，其关于拆除案涉电梯并重新设计、建设的主张未经业主合法表决通过，不应予以支持，遂驳回其诉讼请求。苏某、吴某上诉后，经二审法院耐心细致做调解工作，案涉单元楼业主互相达成谅解，同意按照既有设计、建设方案继续使用电梯，苏某、吴某撤回上诉。

【典型意义】

本案中，由于案涉楼栋建筑结构特点，电梯的增设虽无法满足业主平层入户，但从总体效益而言，提高了绝大部分业主的出行便利，提升了居住质量。本案中一楼业主苏某同意增设电梯，但其需求与其他业主的利益发生冲突，一审法院结合实际施工条件及公平原则，权衡各方利益，驳回了苏某、吴某全部诉讼请求。苏某不服提出上诉后，二审法院晓之以理、动之以情，促成原告与被告达成和解协议并撤回上诉。该案在坚持依法审理的同时，运用平等协商、互谅互让、与邻为善的理念化解了邻里之间的纠纷，充分发挥已加装电梯的实际效益，从根本上实现案结事了。

案例九

楼上业主集资免费为低层老年业主加装电梯连廊，共享加装电梯便利

——王某、窦某诉骆某、阳某等侵权责任纠纷案

【基本案情】

2020 年 3 月，广西壮族自治区南宁市某老旧小区某栋某单元业主投票决定启动小区加装电梯工作。除居住二层的王某不同意以及 2 户业主弃权外，其他业主均同意加装电梯。2020 年 12 月，加装电梯项目准备施工时，王某出面阻挠，并向人民法院起诉，以楼上 14 户邻居侵犯其建筑专有部分权利以及通风采光权等为由，要求停止电梯施工。

【裁判结果】

广西壮族自治区南宁市青秀区人民法院审理认为，经现场勘验，拟加建的电梯及连廊作为全封闭的建筑，在距楼栋较近的情况下可能会影响王某家阳台一侧的通风、采光和日照，至于影响的程度大小，因无明确的证据而无法确定，王某也无法举证。该加装电梯项目已取得相关行政许可，且业主表决程序合法，加建电梯的行为符合法律的规定，故判决不支持王某的诉讼请求。虽然骆某等 14 户业主赢了官司，但为避免出现“赢了官司、输了感情”，该单元的几名中共党员牵头，主动找到王某协商，提出由楼上业主共同出资 7639 元，为二楼年近九旬反对加装电梯的业主免费增设电梯入户连廊，十年内免交电梯保养费、维修费。王某也消除了思想顾虑，肯定了加装电梯对自身带来的便利，双方最终握手言和。

【典型意义】

广西壮族自治区南宁市青秀区人民法院积极引导当事人维护友善和谐文明的邻里关系，在审理中坚持法理情的统一，判令被告停止对电梯安装施工的阻挠、妨碍，从法律层面平衡利益、定分止争，作出符合法律规定、符合社会主义核心价值观、符合人民群众期待的价值判断，彰显了司法为民的价值理念和情怀。同时，在支持加装电梯业主胜诉后，居民党员牵头主动沟通协商，既保障了加装电梯项目圆满推进，又促成了双方破冰和解，维护了以和为贵、团结互助的邻里真情。本案做到了“法理和情理”的交融，大力弘扬了和睦包容、互谅互让的中华民族传统美德，充分表明党建引领议事协商在小区“微治理”中的关键作用，为坚持和完善共建共治共享的社会治理制度提供了有益探索。

案例十

联合调解、释法答疑促进业主形成加装电梯共识

——何某诉万某排除妨碍纠纷案

【基本案情】

2017年，浙江省杭州市上城区某小区业主何某等人发起加装电梯申请，但是三楼业主万某认为新安装的电梯位置离其住宅距离过近，会带来通风、采光等不利影响，明确反对加装电梯，经街道社区多次协商仍未就电梯加装位置达成一致意见。根据相关规定，同意加装电梯人数已超过法定比例，何某等人向有关部门提交加装电梯申请，区住房和城市建设局等部门联合审查认为该项目符合加装电梯相关条件。2018年8月，加装电梯项目开始施工，而万某坐在施工现场阻挠。何某向人民法院起诉请求万某赔偿因加梯受阻而导致的相关经济损失。万某申请人民调解。

【裁判结果】

浙江省杭州市上城区人民法院、区住房和城市建设局和区人民调解委员会共同决定召集各方进行联合调解，从专业角度为双方分析利弊。法官在充分了解该项目实际情况及双方诉求基础上，详细解读加装电梯适用的相关法律规定、诉讼对邻里关系的负面影响等。区住房和城市建设局说明了加装电梯补贴政策、加装电梯审批流程、位置移动变更手续等。电梯加装企业就电梯加装对楼房间距、个人隐私等影响，从技术层面予以对比说明。最终，双方签订调解协议，电梯在原方案基础上适度移位，双方共同监督加装电梯施工，尽量减少对居民的影响，同时经区

人民法院、区住房和城市建设局和区人民调解委员会与设计单位、电梯加装企业协商，不再增加移位后产生的加装费用。何某等人撤诉。

【典型意义】

处理加装电梯纠纷，需要坚持德法融合、情理结合，注重平衡各方利益，推动“共情”促和，寻求加装电梯的“最大公约数”。本案坚持将非诉讼纠纷解决机制挺在前面，充分发挥人民调解化解矛盾、排忧解难的第一道防线作用，以“和善”为主基调，注重法理情相结合，积极调动各方力量共同参与，从不同专业、不同角度查找切入点和突破口，兼顾各方利益，做好正面引导，晓之以理、动之以情，力促双方求同存异，化解心结，拉近距离，促进双方达成加装电梯共识。

案例十一

搭建公开听证平台力促搁置四年加梯项目“破冰”

——浙江杭州某小区加装电梯纠纷案

【基本案情】

浙江省杭州市上城区某小区某楼栋某单元共 7 层 14 户居民，70 岁以上老年人有 20 多人，加装电梯需求迫切。在 2018 年至 2021 年近四年间，居民始终未就加装电梯达成共识，社区和街道多次协调无果，加装电梯就此搁置。2021 年 7 月 29 日，根据该单元楼部分业主申请，属地街道办事处依据《杭州市老旧小区住宅加装电梯管理办法》规定，举行了加装电梯公开听证会。

【裁判结果】

听证会邀请了资深律师、经验丰富的调解员、工程技术和特种设备专家以及民情议事员等五人组成听证团，共同参与项目调解；听证会申请方和被申请方业主均委托公益律师代理参与听证。听证过程中，听证会申请方和被申请方业主充分阐述各自的诉求、顾虑，双方律师在尊重事实和法律的基础上向委托人解读事实和法律，听证团站在独立、客观、公正的角度居中调解，明理释法。通过事实举证和现场辩论，听证团五位听证员经现场商议，向申请方及被申请方阐明民法典及《杭州市老旧小区住宅加装电梯管理办法》等相关规定，说明相互之间提供通行便利是每个公民互助互爱、尊老、护老的应有体现，不仅是中华民族的美德，也是每个公民应尽的法定义务。听证团对该加装电梯项目是否建议安装、后续如何进一步推进加装电梯矛盾化解都给出了具体听证意见。经听证会积极协调，申请方及被申请方达成一致意见。2021 年 10 月，该加装电梯项目顺利完工。

【典型意义】

商以求同，协以成事，“有事好商量，众人的事由众人商量”是基层社会治理的真谛。浙江省杭州市探索建立加装电梯项目公开听证制度，整合人民调解组织、矛盾调解中心和第三方专业机构等各方力量，由公益律师为各自委托人主张权利，让加装电梯申请方和反对方的诉求能够清晰、理性表达，听证员倾听、归纳争议焦点，释疑解惑并居中评判，确保加装电梯纠纷回归到理性和法治轨道，形成“政府引导、居民自治、社会参与”良性互动，实现群众问题能反映、矛盾能化解、权益能保障，从源头上减少加装电梯矛盾，为完善非诉讼纠纷解决机制，破解加装电梯中各楼层业主“意愿难统一”问题提供了新思路。

最高人民法院、住房和城乡建设部相关部门负责人就老旧小区既有住宅加装电梯典型案例答记者问

2023 年 11 月 8 日上午，最高人民法院、住房和城乡建设部联合发布老旧小区既有住宅加装电梯典型案例并回答记者提问。最高人民法院民事审判第一庭庭长陈宜芳、住房和城乡建设部城市建设司副司长刘李峰、最高人民法院民事审判第一庭副庭长吴景丽出席发布会，发布会由最高人民法院新闻局副局长王斌主持。

问：老旧小区既有住宅加装电梯是改善老年人、残疾人居住和出行条件的重要手段。请问，近年来国家及地方采取了哪些措施，支持加装电梯，促进居民达成共识？

答：推进老旧小区既有住宅加装电梯工作，是落实积极应对人口老龄化国家战略部署，改善老百姓居住环境和出行条件，解决“悬空老人”、残疾人等群体上下楼难题的重要举措。党中央、国务院高度重视这项工作，中央经济工作会议、《政府工作报告》等多次作出部署。2018 年以来，在各部门大力支持、各地方共同努力下，全国老旧小区既有住宅加装电梯工作推进顺利，加装量逐年快速增长。截至 2023 年 10 月底，全国既有住宅加装电梯近 10 万部，2022 年、2023 年当年加装

量都在3万部左右。目前，结合既有住宅加装电梯工作的快速推进，除了涌现出了一批典型案例外，也形成了相应的政策体系和工作机制，核心是解决居民关切的问题，让他们没有后顾之忧，促进形成共识，主要有以下六个方面。一是明确作为老旧小区改造重要内容。住房和城乡建设部会同国家发展和改革委员会、财政部印发文件，明确支持各地结合城镇老旧小区改造工作，大力推进有条件的楼栋加装电梯。可享受中央明确的城镇老旧小区改造各项支持政策。在改造中，具备加装条件且居民已有共识的，完善施工方案，尽快启动加装，让群众早受益；对具备加装条件，但居民暂未形成共识的，先完成管线迁改、基坑施工等，为将来加装电梯预留条件。二是健全居民协商议事机制。充分利用老旧小区改造中建立的发动居民参与机制，发挥社区党组织的领导作用，利用“互联网+共建共治共享”等线上线下手段，开展小区党组织引领的多种形式基层协商，促进居民形成加装电梯共识。在具体协商议事过程中，要坚持“一梯一策”，耐心细致开展群众工作，引导居民共同商定加装电梯设计施工、资金分担、后续管理维护方案，确保电梯装得上、用得好。特别是在最高人民法院的指导与支持下，这几年鼓励各地探索通过基层协商、纠纷调解、民事诉讼等方式，依法破解居民协商过程中“一票否决”难题。三是建立多渠道筹资机制。采取“政策免一点、财政补一点、银行贷一点、居民出一点”的方式，破解加装电梯筹资难题。对老旧小区既有住宅加装电梯，可按规定免征城市基础设施配套费及其他相关行政事业性收费、政府性基金。除中央老旧小区改造补助资金可予支持外，北京、上海、杭州等城市政府及内蒙古等省级政府还安排专项资金予以支持。支持居民本人提取住房公积金、住宅专项维修资金，用于本人或其父母、配偶父母自住住宅加装电梯；鼓励银行业金融机构推出“加梯贷”，为居民提供低利率、免抵押信贷支持。各楼层居民按商定方案，按不同比例落实出资责任。比如，上海市徐汇区龙水北路900弄加装电梯项目总费用75万元，政府补助28万元，居民出资47万元，2层至6层每层4户，每层出资比例分别为6%、13%、20%、27%、34%。四是优化电梯加装工程项目审批。结合审批制度改革，精简既有住宅加装电梯工程审批事项和环节，构建快速审批流程，积极推行网上审批，提高项目审批效率。推广浙江杭州等先行地区经验做法，由区、县人民政府组织有关部门联合审查加装方案，认可后由相关部门限期办理立项、用地、规划审批，实现“一窗受理、一次告知、一步到位”。五是加强质量安全管理。电梯属于特种设备。既有住宅加装电梯，涉及电梯设备质量安全、楼本体结构安全和电梯井道施工安全等，每一个环节都不容有失。督促各地坚决守牢安全底线，借鉴上海、江苏泰州等先行地区经验，制定加装电梯相关技术导则，做好建筑结构安全性评估、电梯产品和施工方案比选、后续运行方案确定等工作，特别是严把加装电梯施工图审查、电梯安装使用登记两个关口，确保加装电梯的施工安全、加装后电梯运行安全、楼栋结构安全。六是建立运营维护管理机制。电梯要装得上，还要保证用得好。对确定加装电梯的楼栋，要同步引导居民协商制定电梯使用管理公约，明确轿厢环境维护、乘梯禁带物品、紧急情况处理方法等事项，明确维保单位责任，保障电梯安全使用和日常维护，让居民放心使用、安全使用。下一步，我们将继续总结推广先行地区可复制可推广经验做法和典型案例，督促指导各地采取措施、创造条件，加快建立符合当地实际的加装电梯技术路径、政策机制，强化加装电梯政策保障。

问：本次发布的典型案例彰显了哪些裁判规则和行为规范，对于化解同类纠纷有什么指导意义？

答：本次发布典型案例从不同角度阐释了老旧小区既有住宅加装电梯的规则，这些规则既是裁判和执法规则，为人民法院和行政主管部门提供司法和执法指引，也是行为规范，为小区业主提供行为指引；既涉及电梯加装阶段的行为规范，也涉及电梯使用阶段的行为规范；既涉及支持加装电梯业主的行为规范，也涉及反对加装电梯业主的行为规范。

一是关于加装电梯的规则。加装电梯属于改建、重建建筑物及其附属设施的行为，是应由业主共同决定的事项，根据民法典第二百七十八条规定，应当由专有部分面积占比三分之二以上的业主且人数占比三分之二以上的业主参与表决，并经参与表决专有部分面积四分之三以上的业主且参与表决人数四分之三以上的业主同意。同时，加装电梯项目必须取得行政主管部门的审批手续，确保加装施工不会对房屋主体结构安全造成危害，尽量降低对其他业主通风、采光、通行造成的不利影响。本次发布的典型案例中，对加装电梯所需的业主表决程序和行政审批手续均作了严格把关，要求依法加装电梯。

二是关于保障加装电梯工程有序施工的规则。对于依法加装电梯行为，同一单元上下楼层业主、同一栋楼相邻单元业主、同一小区相邻楼栋业主均应当予以尊重和包容，不得违法阻挠施工。如果其他业主阻挠施工，申请加装电梯的业主有权请求排除妨害；如果其他业主阻挠施工造成损失，施工单位等受害人有权请求赔偿损失。

三是不得违法拆除依法建成电梯的规则。对于已经依法建成的电梯，反悔或者反对加装电梯的业主请求拆除电梯的，人民法院不予支持。即使加装电梯会对其他业主通行、通风、采光造成一定影响，或者会占用少量公共绿地，其他业主亦应予适当包容。

四是合法加装电梯的使用规则。目前老旧小区加装电梯纠纷主要集中在加装阶段，随着加装电梯数量增多、电梯运行时间增加，因电梯使用产生的纠纷也会随之增加。一方面，反对加装电梯的业主不得妨害其他业主合理使用加装电梯；另一方面，反对加装电梯或者未出资加装电梯的业主因生活需要而需使用加装电梯的，在合理分担加装和维护费用的情况下，应当依法受到保护。

问：近年来，居民对城镇老旧小区既有住宅加装电梯呼声很高，但各地实施难度也很大。请问，下一步住房和城乡建设部将采取哪些措施，来落实无障碍环境建设法相关要求，推进城镇老旧小区既有多层住宅加装电梯工作？

答：既有住宅加装电梯，既是件好事，也是件难事。至少有三难：一是达成共识难。加装电梯高、低楼层的矛盾，涉及建筑物共有部分和专有部分物权问题，利益不容易平衡，居民也就不容易形成共识。二是资金筹措难。加装一部电梯，不少地方建安成本达到50万元至60万元，如果涉及管线迁改，还要增加几十万元成本；建成后每年的运行维护费用在几千元到一万元，也是不小的负担。三是统筹兼顾要求高。加装电梯需要兼顾居民意愿、楼栋加装条件，要处理好满足需要、节约成本、确保安全的关系，非常考验组织协调能力，特别是群众工作能力。

这几年，住房和城乡建设部通过将“积极推动有条件的既有住宅加装电梯”作为主题教育“为群众办实事”重点项目，建立加装电梯基层联系点等措施，积极梳理总结各地的经验做法，加快将先行地区行之有效、有推广价值的政策措施，上升为国家层面制度安排，支持各地加快破解加装电梯难题。

无障碍环境建设法的颁布实施，既对老旧小区既有住宅加装电梯工作提出了明确要求，也强调了房屋所有权人应当依法配合既有多层住宅加装电梯的法律责任，这对解决“一票否决”、促进居民形成加装电梯共识有积极作用。

下一步，为全面贯彻实施无障碍环境建设法，有效回应老百姓的需求，有序推进既有多层住宅加装电梯，住房和城乡建设部将继续抓好以下五个方面的工作。

一是进一步摸清需求底数。指导各地从建筑结构安全、空间条件和居民意愿等方面，开展加装电梯可行性评估，摸清适合加装、较难加装、不适合加装的楼栋底数，以更有针对性开展推动和指导工作。

二是努力提升基层协商质效。支持各地建立健全政府统筹、条块协作、各部门齐抓共管的专门工作机制，采取法治、德治和自治相结合的办法，畅通基层协商、纠纷调解、法律途径等渠道，引导居民理性表达意见诉求，在各方需求中寻求“最大公约数”，多方式化解矛盾分歧。特别是要坚持党建引领，充分发挥社区基层组织、基层党员、热心群众及专业技术人员作用，引导居民有效参与协商，努力让矛盾分歧化解在基层，实现依法加梯、和谐加梯。

三是切实守牢安全底线。落实统筹发展和安全要求，把安全发展理念贯穿既有住宅加装电梯各环节和全过程。督促各地明确政策、完善机制，统筹做好群众工作、建筑结构安全性评估与验收、电梯产品和施工方案比选、后续运行方案确定等各项工作，确保加装后电梯运行安全、楼栋结构安全，不仅能够装得上，而且还能用得好。

四是努力做好各项保障。鼓励有条件的地方搭建政企合作平台，引导有资质、有信誉、口碑好的电梯企业研发推出满足需求、成本适当、安全可靠，适合既有建筑加装的电梯产品和技术，并主动提供电梯加装报批、施工及运维服务；鼓励组织集中带量采购电梯设备，为居民争取价格优惠、优质售后服务和质量保障。针对不同结构、不同类型既有建筑加装电梯需要，组织动员全国勘察设计、施工单位、科研院所、大专院校等专业机构开展技术攻关，遴选出优秀设计方案，供各地参考借鉴。

五是积极加强普法宣传。积极开展无障碍环境建设法等相关法律普法宣传活动，普及加装电梯适用的法律条文知识，增强群众依法沟通协商意识，弘扬中华民族与邻为善、守望相助等传统美德，推动形成全社会关心支持加装电梯的良好氛围。

问：随着更多老旧小区加装电梯，可能会有新的邻里纠纷产生，但邻里对簿公堂往往会激化矛盾，不利于构建友善社区、和谐社会，对此类纠纷如何开展诉源治理，让矛盾化解在基层，解决在萌芽状态？

答：良医治病于未发。邻里纠纷是典型的熟人之间的纠纷，如果放任纠纷发展并将此类纠纷全部引入法院，反而会因诉生怨、积怨成仇，不利于纠纷化解。此次最高人民法院和住房和城乡建设部共同发布典型案例，就是要指导各级人民法院和行政主管部门坚持“抓前端、治未病”，用好调解这个“东方经验”，将法治、德治和自治相结合，开展多元解纷，加强诉源治理。

一是坚持法治与德治相结合。法安天下，德润人心。德治是最好的诉源治理。与邻为善、守望相助、互谅互让是中华民族的传统美德。人民法院要在法治宣传和裁判文书中大力弘扬法治、文明、和谐、友善等社会主义核心价值观，引导当事人互谅互让。社区和家庭一样，以让为要、以和为贵。此次发布的多起典型案例，都有原来反对加装电梯，后来需要使用电梯的情形。如果当初以让为先，让电梯早日装起来，后期就会更早享用电梯带来的便利，也不会引发其他业主的反对。在王某、窦某诉骆某、阳某等侵权责任纠纷案中，楼上业主在已经胜诉并已完成电梯加装的情况下，仍然主动出资为二层反对加装电梯的年届九旬的老年人增设电梯入户连廊，以便于其使用电梯，充分保障了老年人权益，使邻里关系更加和谐，殊为可贵。

二是坚持法治与自治相结合。我国是人口大国、经济大国，随着社会经济发展，矛盾纠纷会不断增多。中国人民有“厌诉”的传统，尤其是邻里之间，都不愿打官司，希望协商解决纠纷。人民法院应当充分利用基层群众自治性组织、公益组织等社会力量在化解纠纷中的作用，引导人民群众协商解决纠纷，将纠纷解决在基层、化解于萌芽。例如，刚才介绍的浙江杭州某小区业主因加装电梯产生纠纷的调处。该小区居民就加装电梯产生争议，导致项目搁置长达四年之久，根据部分业主申请，当地街道办邀请资深律师、经验丰富的调解员、工程技术和特种设备专家以及民情议事员等五人组成听证团，并邀请各方业主的代理人也参与听证，通过充分释法说理、沟通交流，自发解决纠纷，让纠纷不出街道，达到了很好的诉源治理效果。

三是坚持将司法审判融入社会治理大局。最高人民法院院长张军强调，要坚持“抓前端、治未病”理念，把诉调对接的“调”向前延伸，主动融入党委领导下的社会治理体系和诉源治理大格局，支持开展“无讼”村（社区）等创建。各级人民法院将在党委领导下继续与住房和城乡建设等行政主管部门、调解组织通力协作，通过发布典型案例、制定政策文件、开展联合调解、指导人民调解、推动诉调对接等方式，践行新时代“枫桥经验”，加强多元解纷和诉源治理，汇聚化解矛盾纠纷的合力。

法答网精选答问

法答网精选答问（第二批）（节录）

问题 1：涉比特币“挖矿”案件合同效力如何认定？

答疑意见：我国对虚拟货币的监管政策较为明确。2021 年 9 月 15 日中国人民银行等部门发布的《关于进一步防范和处置虚拟货币交易炒作风险的通知》（银发〔2021〕237 号）强调比特币、以太币等虚拟货币不具有与法定货币等同的法律地位，不能作为货币在市场上流通。同时该通知明确指出，虚拟货币兑换、为虚拟货币交易提供撮合服务等虚拟货币相关业务全部属于非法金融活动，一律严格禁止，坚决依法取缔；任何法人、非法人组织和自然人投资虚拟货币及相关衍生品，违背公序良俗的，相关民事法律行为无效，由此引发的损失由其自行承担；涉嫌破坏金融秩序、危害金融安全的，由相关部门依法查处。

虚拟货币“挖矿”活动指通过专用“矿机”计算生产虚拟货币的过程，能源消耗和碳排放量大，对国民经济贡献度低，对产业发展、科技进步等带动作用有限，加之虚拟货币生产、交易环节衍生的风险越发突出，其盲目无序发展对推动经济社会高质量发展和节能减排带来不利影响。2021 年 9 月 3 日国家发展改革委等部门发布的《关于整治虚拟货币“挖矿”活动的通知》（发改运行〔2021〕1283 号）按照“严密监测、严防风险、严禁增量、妥处存量”总体思路，区分虚拟货币

“挖矿”增量和存量项目，坚持分类处理原则。严禁投资建设增量项目，加快有序退出存量项目，在保证平稳过渡前提下，结合各地实际情况科学确定退出时间表和实施路径。

人民法院审理涉比特币等虚拟货币“挖矿”纠纷案件，应当注意国家重要监管政策的变化，准确认定合同效力。对于与比特币等虚拟货币“挖矿”活动相关的纠纷，应以2021年9月3日为时间节点区别对待：该时点之后订立的合同应认定无效；该时点之前的相关合同，不应简单否认其效力，应根据民法典关于合同效力的规定，结合案件事实予以认定。人民法院经审理确认合同无效，当事人请求依照合同约定交付财产或支付对价的，人民法院不予支持；当事人请求对方返还因该合同取得的财产的，人民法院可予支持；不能返还时，当事人主张以比特币等虚拟货币折算为法定货币价值予以补偿的，人民法院不予支持，但当事人之间就比特币等虚拟货币的代偿金额达成合意的除外。合同有效但未得到履行，当事人请求对方承担违约责任的，人民法院需要充分考虑国家政策变化对于合同履行的影响，合理确定违约责任的范围及承担方式。

点评专家：周友军/北京航空航天大学法学院党委书记、教授

点评意见：涉比特币“挖矿”案件合同的效力认定，在司法实践中争议较大。比特币“挖矿”行为对电力能源消耗巨大，不符合绿色发展理念，不利于节能减排和碳达峰碳中和目标的实现，也违反了民法典第九条规定的绿色原则。因此，2021年9月3日国家发展改革委等部门发布了《关于整治虚拟货币“挖矿”活动的通知》，将比特币“挖矿”活动纳入淘汰类产业的范畴。答疑意见结合民法典第一百五十三条第二款关于公序良俗的规定，将违反国家重要监管政策的行为，认定为违背公序良俗，从而认定合同无效。人民法院在审理比特币“挖矿”案件时，将上述国家重要监管政策纳入合同效力认定的重要考虑因素之中，就可以通过司法活动来保障和引导绿色发展。答疑意见还就比特币

“挖矿”案件合同无效的法律后果认定予以明确，也考虑到了国家发展改革委等部门发布的国家重要监管政策的要求。答疑意见法理依据充分，可操作性强，对于类似案件的裁判具有较大的指导价值。

问题2：保证合同无效，一般保证人是否也享有先诉抗辩权？

答疑意见：依据民法典第六百八十七条规定，一般保证人的先诉抗辩权是指在主债务未经审判或仲裁，并就债务人财产依法强制执行仍不能履行债务前，保证人可以拒绝承担保证责任。在保证合同因主债权债务合同无效而无效，或因自身原因而无效时，一般保证人是否仍享有先诉抗辩权，对保证人和债权人的利益影响巨大，实践中存在分歧。经研究认为，一般保证人仍受先诉抗辩权的保护。具体理由如下。

首先，符合保证人赔偿责任的补充性质。法律赋予一般保证人先诉抗辩权，是因为主债务是债务人本来应当自己履行的债务，而一般保证人的保证责任是从债务，具有补充地位，只在主债务人不能履行时才对主债务未履行的部分承担责任。保证合同无效时，一般保证人的赔偿责任也是源于保证合同，同样属于补充性的债务。依据《最高人民法院关于适用〈中华人民共和国民法典〉有关担保制度的解释》（法释〔2020〕28号）第十七条的规定，担保合同无效时，有过错的担保人承担的赔偿责任限于债务人不能清偿的部分，同样具有补充性质。同样地，保证合同无效时，一般保证人的赔偿责任也具有补充性质，应受到先诉抗辩权制度的保护。不能仅因保证合同无效，一般保证人的责任就丧失了补充责任的性质。

其次，符合当事人订立一般保证合同时的合理预期。虽然保证合同无效后，保证人根据自身过错来确定赔偿责任，已经不同于保证合同有效时的保证责任，但债权人和保证人签订一般保证合同时，通常不会主观上认为保证合同无效，故双方均有一般保证人受先诉抗辩权保护的预期，债权人通常也不会提前要求一般保证人承担保证合同无效的赔偿责任。

最后，符合合同效力制度体系的内部逻辑。保证合同无效时，债权人获得的利益不应当超过保证合同有效时所能获得的利益。换言之，一般保证人在保证合同无效时至少应当受到与保证合同有效时同样的保护，以维护合同效力制度体系的内部和谐。保证合同无效时，若一般保证人丧失先诉抗辩权保护，债权人则可单独起诉要求其承担赔偿责任，显然有悖于合同效力体系的逻辑秩序，使保证人丧失了保证合同有效时的期限利益。

综上所述，在保证合同无效时，一般保证人仍享有先诉抗辩权，这既符合保证人赔偿责任的责任性质，符合当事人的合理预期，也维护了合同效力体系的有机统一。

点评专家：程啸/清华大学法学院教授

点评意见：先诉抗辩权，也称检索抗辩权。该权利是一般保证人所享有的民事实体权利，而非单纯的诉讼上的抗辩权，对其非常重要。保证人有无先诉抗辩权也是一般保证与连带责任保证最根本的区别。为了平衡各方利益，避免对保证人课以过严的责任，我国民法典第六百八十六条第二款规定："当事人在保证合同中对保证方式没有约定或者约定不明确的，按照一般保证承担保证责任。"同时，在第六百八十七条第二款还严格限定了一般保证人丧失先诉抗辩权的四种情形。一般保证合同无效并非该款规定的保证人丧失先诉抗辩权的情形。此外，保证合同无效并不意味着保证人就完全免责。依据民法典第六百八十二条第二款的规定，保证合同被确认无效后，债务人、保证人、债权人有过错的，应当根据其过错各自承担相应的民事责任。虽然保证人是因过错而承担相应的民事责任，但并不改变保证人并非为自身债务负责的本质特征。故此，认为一般保证合同有效时，保证人有先诉抗辩权，保证合同无效时，一般保证人就没有先诉抗辩权，显然违反了同等事物同等对待的基本法理，也人为地改变了债权人、债务人与保证人之间的利益结构，加重了保证人的责任。因此，答疑意见关于保证合同无效时一般保证人仍有先诉抗辩权的观点无疑是正确的，其从保证人赔偿责任的性质、当事人的预期以及合同效力体系的内部逻辑三个方面论证也是具有说服力的。

问题 3：客户信息是否属于公司的商业秘密？

答疑意见：客户信息主要包括两部分：一部分是客户的名称、地址、联系方式等信息，即基础信息；另外一部分是交易习惯、意向、价格承受能力等信息，即深度信息。但该分类并不必然影响客户信息是否构成商业秘密的认定。判断客户信息是否构成商业秘密的标准，在于其是否满足法律规定的“不为公众所知悉、具有商业价值并经权利人采取相应保密措施”，即秘密性、价值性、保密性。值得注意的是，秘密性要求不为公众普遍知悉和容易获得，既不要求绝无他人知晓，也不要求他人付出足够代价仍然不能得到。客户信息的商业秘密相较于技术秘密的商业秘密存在一定特殊性：客户信息实质系可经收集获得的信息，故侵害客户信息商业秘密行为的实质通常是侵权人通过该侵权行为节省了搜集信息所需要的时间和金钱成本。因此，客户信息的商业秘密保护通常有时间限制。故尽管基础信息较之深度信息容易获取，但这仅导致基础信息秘密性的认定更困难及相应保护期限更短。如果基础信息确有商业价值、数量足够庞大，收集足够困难，其亦可能满足价值性、保密性要求，进而可被认定构成商业秘密，对此需要根据案件具体情况予以认定。

点评专家：来小鹏/中国政法大学民商经济法学院教授、博士生导师

点评意见：客户信息对公司的运营和发展具有重要作用，但是否构成公司商业秘密并受到法律保护，则应依据我国反不正当竞争法第九条规定并结合具体案情进行判断。答疑意见从客户信息的构成、认定依据、客户信息认定为商业秘密的特殊性三个方面回答了客户信息是否属于公司的商业秘密这一问题。答疑意见精准解读了客户信息中的基础信

息和深度信息，准确地理解和把握了我国反不正当竞争法有关商业秘密规定的内在意旨，分析并回答了客户信息的商业秘密相较于技术秘密的商业秘密的特殊性。答疑意见逻辑清晰，依据充分，观点正确，对于个案中正确判定客户信息能否构成公司商业秘密类似问题具有较强的指导意义。

问题4：二审维持原判的民事案件，执行根据为一审判决还是二审判决？

答疑意见：民事诉讼中，二审维持原判时的执行根据问题，目前理论界及实务界确实存在较大分歧。主要有三种观点：第一种观点认为，二审维持原判时执行依据为一审判决；第二种观点认为，二审维持原判时执行依据为二审判决；第三种观点认为，一审、二审判决共同构成执行依据。对这一问题的理解要注意两个方面：一方面，应当立足民事诉讼法的明确规定，准确理解立法本意，准确界定何为生效裁判、何为执行依据；另一方面，要考察和比较不同处理方式产生的不同效果来把握。经研究认为，二审维持原判时执行依据为二审判决，具体分析如下。

第一，根据法律明确规定，对于经过二审的民事案件，二审判决是生效判决。民事诉讼法第一百八十二条明确规定，第二审人民法院的判决、裁定，是终审的判决、裁定。案件经过一审、二审后，共有两个判决书，而同一个案件不能有两个生效裁判。案件经过一审作出判决后，如果当事人选择了上诉，则一审判决就不再发生效力，二审判决才是生效判决。需要注意的是，民事判决的生效，其依据的是民事诉讼法的规定，而不是其他判决的认定，也就是说，二审判决并不是对一审判决效力的确认，而是对案件处理结果作出了与一审判决相同的判断，其实质是作出了“同意一审判决”的实体判决。因此，二审判决才是生效判决，认为二审维持原判就意味着一审判决发生效力的观点是值得商榷的。根据民事诉讼法第二百三十五条规定，作为执行依据的民事裁判应当是发生法律效力的民事裁判，因此就排除了二审判决作出后仍把一审判决作为执行依据或者作为执行依据之一的观点。

第二，二审裁判主文为“维持原判”并不意味着二审裁判不具有给付内容。根据《最高人民法院关于适用〈中华人民共和国民事诉讼法〉的解释》（以下简称《民事诉讼法解释》）第四百六十一条的规定，作为执行依据的生效法律文书应当具备明确的给付内容。所谓给付内容明确是指根据裁判文书能够确定当事人应当履行的给付义务，包括金钱给付、交付特定物，也包括履行法律文书指定的确定的行为等。这是从诉的种类对执行力所作的界定，如给付之诉的判决通常具有给付内容，而确认之诉的裁判文书往往无给付内容。对于二审维持原判的案件，“维持原判”的实际含义是二审的判决主文与一审判决主文相同，但简略表述为“维持原判”，这种简略表述并不能改变诉的性质，如果案件本身为给付之诉，且一审判决也有明确的给付内容，那么二审“维持原判”表示二审判决所确定的给付内容与一审判决相同，而不是说二审判决不具有给付内容。实践中，在二审维持原判后的强制执行立案时，二审维持原判的判决作为执行依据，同时也要求申请执行人提交原审的判决书，以便执行法官在执行中确定“维持原判”中“原判”的具体内容。

第三，即使是二审维持原判，但二审与一审判决在认定事实、法律适用等方面并不一定完全一致，以一审判决为执行依据或一审、二审判决均作为执行依据也会涉及后续与执行上的衔接问题。根据《民事诉讼法解释》第三百三十二条的规定，原判决、裁定认定事实或者适用法律虽有瑕疵，但裁判结果正确的，第二审人民法院可以在判决、裁定中纠正瑕疵后予以维持。但在这种情况下，尽管判决结果相同，但二审判决在事实认定、法律适用等问题上与一审判决不尽相同，如执行一审判决会出现与执行二审判决不同的处理结果。比如，计算判决生效后迟延履行期间债务利息起算时间问题。一审判决一方当事人“于判决生效后七日内”按照市场利率支付利息，并判决“如未按照判决指定期间履行给付金钱义务，应当按照法律规定，加倍支付迟延履行期间的债务利息”，二审维持原判。此时如果以一审判决为执行依据，则对于“于判决生效后七日内”可能会产生错误理解。

第四，如将一审裁判作为执行依据，则二审有关费用将无法执行。如果将一审裁判作为执行依据，二审判决中所判决的上诉案件受理费以及二审中可能发生的鉴定费等费用的确定和负担将无法执行。

点评专家：肖建国/中国人民大学法学院教授、博士生导师，中国法学会民事诉讼法学研究会副会长，中国行为法学会执行行为专业委员会副会长

点评意见：二审维持原判时的执行根据认定是当前法院执行实践中备受争议的问题。答疑意见从法律规范依据、维持原判的可执行性和维持原判在给付内容上与一审判决的差异性三个层面阐释了“二审维持原判时执行依据为二审判决”的主要理由。答疑意见总结归纳了目前理论界及实务界关于二审维持原判时执行根据的三种立场观点，立足于现行民事诉讼法和司法解释的规定，运用文义解释、体系解释等解释方法，对于何为生效裁判，何为执行依据，维持原判是否具有给付内容，以及维持原判的给付内容有别于一审判决之处等问题，抽丝剥茧、条分缕析、层层递进，阐明了二审维持原判时的执行根据认定背后的程序法理。答疑意见的观点鲜明准确，法律依据充分，理论阐释清晰有力，展现了扎实的专业功底和丰富的实务经验，对于我国民事强制执行实践具有普遍的指导意义。

新类型疑难案例选评

嵘某诚公司诉尊某浦口分公司等建设工程分包合同纠纷案

李玲玲　邓光扬*

【裁判要旨】

合同不因盖假旧公章而必然不成立或无效；也不因盖真公章而必然对当事人产生法律效力。盖章人在盖章时有权代表或代理单位进行或确认意思表示的，合同所盖公章不论真假新旧，盖章合同载明的意思表示均归属该单位，而不归属所盖之章显示的主体或盖章之人。

【案例索引】

一审：江苏省南京江北新区人民法院（2022）苏 0192 民初 10185 号（2023 年 4 月 19 日）

二审：江苏省南京市中级人民法院（2023）苏 01 民终 7878 号（2023 年 8 月 30 日）

---

* 作者单位：江苏省南京市中级人民法院。

【基本案情】

原告：嵘某诚公司。

被告：尊某公司、尊某浦口分公司、名某公司、大某公司。

原告嵘某诚公司诉称：嵘某诚公司从尊某浦口分公司承接某项目中的土石方工程，施工完毕后，多次催要工程余款无果，故请求判决：(1) 尊某公司及其浦口分公司共同支付原告工程款 11660207.7 元及相应利息；(2) 大某公司、名某公司在各自欠付工程款范围内对上述欠款承担连带责任。

四被告均辩称无须向原告付款：尊某浦口分公司辩称，未与原告签订协议，更无费用结算；尊某公司辩称，从未对外转包、分包案涉工程，与原告合伙经营案涉工程，扣除成本后双方平分利润，原告提供机械，共同开挖、运输等费用均已据实结算；名某公司辩称，作为承包人未与原告建立合同关系；大某公司辩称，作为发包人，仅需在欠付承包人工程款范围内向实际施工人承担付款责任，但工程未结束，自己也未欠付进度款。

法院审理查明：第一，大某公司将南京江北新区 G11 地块项目发包给名某公司；名某公司将其中的土石方工程分包给尊某公司，并签有《工程分包合同》（以下简称 A 合同）。第二，原告出示 A 合同复印件以及与尊某浦口分公司之间的《工程分包合同》（以下简称 B 合同）。B 合同相比 A 合同，除主体不同、无落款日期外，余皆无异。尊某浦口分公司负责人赵某自述是尊某公司法定代表人让其在 B 合同上加盖尊某浦口分公司章的。A 合同复印件相较 A 合同原件，除落款处少了“2020 年 12 月 18 日”的日期、多了尊某浦口分公司的盖章外，余皆无异。A 合同复印件和 B 合同上，所盖尊某浦口分公司之章均是旧章（2020 年 12 月 7 日备案并启用新章）。第三，原告提供其与尊某浦口分公司于 2022 年 8 月 10 日签订的《工程结算协议》载明：“最终结算工程款 11318857. 77 元，扣除已付款 956600 元，应扣水电费金额 1350 元，尚余保修金 368304. 23 元。”尊某浦口分公司在《工程结算协议》上的盖章与备案一致。

第四，原告 2022 年 10 月 17 日向尊某公司出具的《收条》载明：“收到尊某公司支付 G11 工地回填款 20 万元……最终利润待双方确定金额后平等分配。”

【裁判结果】

一审法院审理认为：尊某浦口分公司启用备案公章在先，A 合同落款时间在后，B 合同晚于 A 合同签订；但 A 合同复印件及 B 合同上所盖分公司之章均系备案前的旧章。因此，该两份文书的真实性均不应认定。《工程结算协议》所载的时间为 2022 年 8 月 10 日，此时工程尚未完工，当事人结算费用，与常理不符，即使该协议上的印章为真，结算结果对当事人也不产生法律效力。据此，一审法院于 2023 年 4 月 19 日作出江苏省南京江北新区人民法院（2022）苏 0192 民初 10185 号民事判决：驳回原告嵘某诚公司的全部诉讼请求。

宣判后，嵘某诚公司提起上诉。二审法院审理认为，合同不因所盖公章是假而必然不成立或无效；也不因所盖公章是真而必然对当事人产生法律效力。案涉《工程结算协议》所盖公章虽真，但因下述矛盾而不对当事人发生法律效力：第一，有无结算之矛盾。2022 年 8 月 10 日的《工程结算协议》载明“双方核对并同意，最终结算工程款……”；但尊某公司于 2022 年 10 月 17 日出具的《收条》却载明“利润待双方确定金额后平等分配”，这表明双方尚未结算。原告无证据证明《收条》系受欺诈胁迫而作，故《收条》所载事实更为真实。第二，谁施工谁受益之矛盾。依《工程结算协议》所载明，结算工程款 11318857. 77 元，系由合同工程价 12616807. 77 元-增减金额 34 万元-应扣已付金额 956600 元-应扣水电费金额 1350 元而得；但原告诉讼请求结算的工程款 11660207. 7 元，系由合同工程价款 12616807.77 元-尊某公司已付款 956600 元而得。两个工程款金额有异，且两个计算公式均隐含案涉工程由嵘某诚公司独自施工、独享利润之事实。这与嵘某诚公司自行出具的《收条》所载事实相矛盾。第三，结算结果与结算要素之矛盾。原告主张案涉工程已结算，但未能明确或出示结算人员、结算地点、结算依据、开工竣工时间、结算明细等要素或过程。

据此，本案证据不能证明嵘某诚公司承接（转包）案涉土石方工程并进行了结算，B 合同及《工程结算协议》不能作为其请求全部工程款的依据。鉴于尊某公司认可嵘某诚公司（合伙）参与案涉工程施工，且曾向其支付部分工程款，若嵘某诚公司尚有工程款未收讫，可另行主张。据此，二审法院于 2023 年 8 月 30 日作出（2023）苏 01 民终 7878 号民事判决：驳回上诉，维持原判。

[评析]

假旧盖章情形下意思表示之归属

公司意思表示的表达和确认均有赖特定自然人为之。代表或代理公司的特定自然人磋商、拟制、修改合同条款的行为，在民事法律上可定性为公司在斟酌完善其意思表示；代表或代理公司的特定自然人在合同上盖公章，则可定性为公司对合同所载意思表示进行确认，且自愿受之约束。

一、合同不因所盖假旧公章必然不成立

现实生活中，人们常将与备案一致的公章称为真章，将与备案不一致的公章称为假章。这种以偏概全所称的假章，通常还包括因启用经过备案的新章而停用的旧章、本公司私刻的公章、他人伪造的假公章。合同所盖之章的真假新旧，使得合同效力及意思表示之归属的认定常常成

为司法实践中的难题。

本文认为，除公司法（2023 年修正）第十五条等法律对法定代表人职权所作特别限制、民法典第一百六十八条对代理人权限所作特别限制之外，盖章人在盖章时只要有权代表或代理公司进行或确认意思表示的，合同所盖公章不论真假，盖章合同载明的意思表示均归属该公司，而不归属假公章所示的主体。公司事后仅以代表人、代理人无相应权限、加盖的是假章、所盖之章与备案公章不一致为由否定合同效力的，人民法院不予支持。①

本案中，尊某浦口分公司在 B 合同所盖之章虽与备案公章不一致，但该分公司负责人赵某自述是尊某公司法定代表人让其加盖分公司章；故不论分公司所盖之章真假新旧，仅因赵某于盖章之时有代表分公司的权限，即应认定 B 合同所载内容是尊某浦口分公司的意思表示，赵某盖章（不论真假新旧）的行为，即为尊某浦口分公司对 B 合同所载意思表示的确认且愿受之约束。②

签字或盖章仅是合同成立的充分条件，合同生效还须满足行为人具有相应民事行为能力、意思表示真实、不违反法律法规的强制性规定、不违背公序良俗等条件。法人的分支机构不具有法人的相应民事行为能力，未获法人授权即以自己的名义行使法人权限的，其行为效力须经法人追认才能生效。此外，法人之同意（授权、追认）构成合同生效的积极有效要件，此要件不满足，则合同不生效。本案中，尊某公司因与名某公司签订 A 合同而承接案涉工程，A 合同未列尊某浦口分公司为合同相对人，也未约定其权利义务，故 A 合同复印件落款处虽盖有尊某浦口分公司公章，仍不能据此认定尊某浦口分公司为 A 合同的当事人，不能据此认定尊某浦口分公司从名某公司承接案涉工程。现有证据

① 参见最高人民法院民事审判第二庭编著：《〈全国法院民商事审判工作会议纪要〉理解与适用》，人民法院出版社 2019 年版，第 288 页。

② 当然，若有充分证据证明赵某确系受尊某公司指派而盖章，则可将 B 合同所载意思表示归于尊某公司。

也不足以证明尊某浦口分公司从尊某公司内部承包或从他处承接案涉工程，故其无权将尊某公司承接的案涉工程对外发包或转包。因此，B合同虽然成立，但因其至诉讼之时仍未获尊某公司追认，且尊某公司亦自述其从未对外发包、转包案涉工程，故B合同不能发生效力。

二、假旧公章合同的意思表示归属

本文认为，盖章主体盖章时是否有权代表或有权代理印章显示的章主体，是确认是否章主体在为意思表示、相应合同是否成立的唯一标准。

公司的主体地位系法律所拟制，其独立人格实为法律创设。作为一个拟制主体，公司在对外表达意思即盖章时必须借助特定自然人为之，故在盖章情形下将会同时出现两个主体，即持章的自然人主体以及章主体。只要交易相对方系善意且无过失地信赖持章的自然人主体有权代表或有权代理公司确认特定事宜，就可以确认相关的意思表示系由公司作出。简单来说，应确立“看人不看章”规则。[①]

1. 有权代表或有权代理

根据民法典第六十一条的规定，公司的法定代表人无须另行授权，就可一般性地代表公司从事民事活动。因此，法定代表人在合同书或相关文件上的盖章即可认为系公司在为意思表示。根据民法典第一百七十条的规定，公司的工作人员在其职权范围内亦有权代理公司作出意思表示。从理论上看，该种代理系职务代理，属于意定代理的范畴，代理权利的来源是一种职务上的授权，代理权利的范围与其履行的职务范围一致。在知晓该人身份、明确该人职务后，交易相对方无须在交易时要求该人另行出具授权委托书。例如，在建工领域中，在交易相对方已知某人系该项目的项目经理后，该交易相对方即可凭该人的项目经理身份相

---

① 参见最高人民法院民事审判第二庭编著：《〈全国法院民商事审判工作会议纪要〉理解与适用》，人民法院出版社2019年版，第290页。

信该人可在权限范围内代理公司签订合同，无须要求项目经理另行提供授权凭证。除上述情形外，受委托的其他人均应在交易时出示公司就特定事项的授权。实践中，交易相对方均需要对授权进行初步审查。

2. 交易相对方的审查事项

第一，授权需真实。良好商誉是赢得交易机会的重要条件。实践中，伪造企业授权以获取不当交易机会或其他利益的情形并不少见。交易相对方应当从持章自然人的身份、交易地点、交易惯例等角度对授权的真实性进行综合审查。（1）从身份方面看，当该持章自然人与该公司有关联（如公司的股东、分公司的负责人）或该事项有关联，其获得授权较之与该公司或该事项毫无关联的一般普通人取得授权更为可信；（2）从交易地点看，该公司的会议室、法定代表人的办公室比普通的茶餐厅、临时租用的办公室更能为授权提供背书保障；（3）从交易惯例来看，若某次交易突然变更了持章自然人、交易地点、授权委托书样式或内容，交易相对方应当要求持章自然人对其获得授权作出合理解释，必要时（如解释略显牵强、交易相关的权利义务变更、交易标的金额较大），还应向公司进一步核实。

第二，授权应明确。与公司的法定代表人能概括性地、一般性地代表公司从事民事活动、公司的工作人员在其职权范围内从事民事活动不同，在其他代理情形下，公司必须明确授权相应自然人有权代公司处理的特定事项，避免因授权不明引发纠纷。

第三，授权需有效。授权应在有效期内，否则持章自然人实质上并不享有代理权。当然，如果该持章自然人具有代理权的表征，交易相对方善意无过失的，可构成表见代理。在此种情形下，交易相对方仍可认为持章主体有代理权。

在确定授权真实、有效且明确的前提下，即便持章自然人所持印章非合同签约章，仅为项目部印章甚至资料专用章（更有甚者，此等印章上还明确注明该章无合同签约权）时，亦可认定相应意思表示系公司作出。[①]

本案原告嵘某诚公司作为建筑行业的资深企业，仅凭A合同复印件而不核对A合同原件，轻信尊某浦口分公司取得案涉工程施工权。即使尊某浦口分公司是A合同中的乙方，也不应忽略另一乙方尊某公司，而轻信该分公司具有将案涉工程全部对外转包的权限。根据公司法第十四条的规定，分公司不具有法人资格，其民事责任由公司承担。民法典第七十四条规定，分支机构以自己名义从事民事活动，产生的民事责任由法人承担；也可以先以该分支机构管理的财产承担，不足以承担的，由法人承担。因此，公司与其分支机构在同一合同中并列成为合同一方当事人的情形，并不常见。

三、合同加盖假旧公章行为的归责原则

意思表示"三要素说"认为，意思表示由目的意思、效果意思和表示行为三项要素组成。其中，目的意思、效果意思是意思表示的主观要件，表示行为是其客观要件。表示行为则以口头或书面方式将目的意思、效果意思表现于外。[②]

合同书的本质是合同当事人以书面形式固定和确认其意思表示，但盖章情形却又较自然人签名形式更为复杂。公章作为章主体人格的象征，是法律的拟制和赋予，因为盖章主体与公章代表主体（章主体）人格分离，故不能当然认为盖章即章主体在为意思表示。

为规范和加强对印章的管理，我国对印章制发、收缴、使用等各个环节均作出了严格规制。[③] 例如，公章应到公安机关指定的刻章公司刻制；旧印章应于换用新公章时送交印章制发机关封存或销毁；不得伪造

① 参见江苏省南京市中级人民法院（2023）苏01民终17639号民事判决，在该案中二审法院未因印章为项目部章且备注该章无签约权即否认该合同的效力。

② 参见王利明主编：《民法》，中国人民大学出版社2005年版，第159页。

③ 参见《国务院关于国家行政机关和企业事业单位社会团体印章管理的规定》（国发〔1999〕25号）。

公章、不得擅自使用印章等。现实中，真假新旧公章并用的现象并不鲜见，司法实务中，不能机械地据此瑕疵确认善意合同意思表示的归属。

1. 相对人不宜承担过高审查义务

凭借日新月异的科技手段，不法分子顷刻间即可伪造一枚或数枚假章，且几可乱真。合同订立过程中，当事人何时启用备案新印章，合同相对方通常难以知晓，若苛求其甄别印章真假新旧，显然属于强人所难。譬如本案例中，尊某浦口分公司明明已经启用新公章，但在订立合同时仍使用旧公章，到了结算时才盖新公章，这着实让嵘某诚公司难辨新旧。如果仅因使用旧公章假公章而不将盖章行为效力归属于章主体，进而认定合同不成立，致使让合同相对人负担难以承受的过高义务，则于情相悖、于理不合。

2. 章主体自身应负更高义务

新旧公章混用源于章主体内部制度不健全、管理不严格、使用不规范，尤其是章主体依照备案公章私刻多套公章等情形，违反《国务院关于国家行政机关和企业事业单位社会团体印章管理的规定》。在合同当事人不知道或不应当知道对方当事人所盖之章与备案公章不一致的情形下，公章主体具有使用或放任使用与备案不一致公章的主观过错，具有应当避免且能够避免使用与备案不一致公章的掌控能力。因此，从遵守公序良俗、维护社会诚信、保障交易秩序等方面考虑，合同上盖用假旧公章的民事责任应偏重章主体，不能使假旧公章成为操控合同效力的手段，更不能使之成为悔约违约的事由。因为大众的朴素价值观是任何人不能因自己的过错而受益，不能因自己的过错而加重相对人的义务。①

① 公元三世纪，罗马法学家庞波涅斯提出一条著名法律格言：“损人而利己乃违反衡平。”这一格言后来演化为“任何人都不得从自己的错误行为中获利”。

最新法律文件解读丛书

稿　　约

最新法律文件解读丛书是一套以为最新法律规范提供同步"解读"为主的系列丛书，分为刑事、民事、商事、行政与执行4个分册，按月出版。

本丛书以"解读"为重点，突出全、专、新、快、准等特点，通过对最新出台的法律、法规、司法解释、部门规章以及重要地方性法规进行同步动态解读，弥补了法律、法规、司法解释汇编类出版物没有同步阐释、解读内容的不足，为广大读者学习理解最新法律规范，正确贯彻执行法律文件，及时解决实践中的新情况、新问题，提供一个全方位、多层面的法律信息平台。

欢迎您向以下栏目赐稿：

【最新法律文件解读】主要是对最新颁行的法律文件进行解读，帮助司法和执法人员正确理解法律文件的立法背景、意义、重点内容、在适用中应注意的问题、与相关法律文件的衔接与互动关系等。

【司法实务问题研究】主要刊登对司法理论、实务及司法管理工作中的热点、疑难问题进行研究及评论的文章。

【新类型疑难案例选评】主要是对司法和行政执法实践中具有典型性和代表性的疑难案例，结合具体案情以及审理或处理结果进行简练精辟的点评，解析认识问题的方法、处理问题的法律依据和在个案中的具体适用。

【法学前沿与新视点】以摘要的形式刊登相关法学理论研究的最新动态及具有代表性和典型性的前沿问题，扩展法学研究的深度和广度。

【法律适用问题解答】主要针对司法和行政执法实践中面临的新问题、热点问题、疑难问题进行简要的解答，指出涉及的法律关系，明确法律适用依据。

稿件一经刊用即付稿酬，稿酬从优。

《刑事法律文件解读》　杨晓燕　邮箱：5184621@qq.com

《民事法律文件解读》　杨　洁　邮箱：1216921515@qq.com

《商事法律文件解读》　路建华　邮箱：shangshijiedu@126.com

《行政与执行法律文件解读》　赵杰琼　邮箱：1092123089@qq.com

人民法院出版社

最新法律文件解读丛书编辑部